La conspiración del hielo

Otra verdad incomoda

Rafael Padilla Ruiz

PRÓLOGO

Había una vez una colonia de hormigas, trabajadoras como son todas las hormigas. Un día la jefa de las hormigas científicas informó a su reina, que se llamaba Gela, que su colonia estaba situada en un valle donde en un futuro cercano al río se iba a helar, y donde no podrían continuar viviendo cuando todo estuviera congelado.

Al sur de su bonito valle existía una colina, la más soleada de toda la región y por eso se llamaba la Colina Soleada. El sol era tan intenso y el clima a veces tan seco, que las hormigas nunca quisieron vivir allí. ¡Como en nuestro hormiguero, en ninguna parte!. Decían.

En esa colina sólo podía vivir una colonia de cigarras, que no necesitaban mucho para vivir. Su colonia estaba al aire libre, no disponía de grandes galerías escavadas para facilitar la vida de sus habitantes, no disponían de zonas de cultivo de hongos para disponer de comida durante el invierno, ni de un sistema planificación de la población que asegurara la supervivencia de la colonia. Eran simples cigarras.

Todo eso lo tenían las hormigas, sin embargo las cigarras vivían al día, cantaban y tocaban su música mientras se tostaban al sol, y comían lo que el campo les ofrecía. Nada de planificación, eso era para las hormigas. "No es más rico el que más tiene, sino el que menos necesita", decía siempre Pepe, el rey de las cigarras.

Las hormigas, como buenas planificadoras que eran, decidieron enviar un día a un grupo de exploradoras que se acercaron a la colina, como turistas ocasionales.

Esto gustó mucho a las cigarras, pues apreciaban mucho a las hormigas después de la experiencia que sufrió un antepasado que fue ayudado por las hormigas. Pepe ordenó que las hormigas siempre fueran bien venidas en su colina.

Tras esa primera visita las hormigas comenzaron a realizar estos viajes de forma cada vez más habitual. Las cigarras con ganas de agradar, y como no, viendo en ello un posible negocio y un cambio en su relajada forma de vida, comenzaron a acondicionar la colina para sus huéspedes ocasionales.

Entre entras idas y venidas, Gela iba sugiriendo mejoras para toda la colina, era muy grande y estaba desaprovechada. Ofrecieron una colaboración para realizarlo, con la ayuda de las hormigas mejorarían las condiciones de vida de la colina, y cómo no, de la colonia de cigarras. Pepe estaba encantado de que gente tan respetable como las hormigas, quisieran como amigos a las cigarras.

Las cigarras que siempre habían tenido el San-Benito de ser unas vagas redomadas les gustaba que en la comarca se les conociera por otras facetas de su personalidad, así que aceptaron la propuesta y comentaron a realizar cambios. Pepe estaba siempre presumiendo de su nuevo estatus en el valle.

Construyeron un embalse, habilitaron algunas galerías subterráneos para refugiarse del sol, comenzaron a cultivar plantas en lugar tener que esperar que la madre naturaleza decidiera dar sus frutos.

Igualmente Gela convenció a Pepe de que mientras realizaban esos cambios en sus infraestructuras, ellas le llevarían comida, así no necesitarían pasar el día buscando brotes de hierbas para comer, ellas traería sus hongos cultivados y todos tan contentos.

El trato era perfecto, todo funcionaba correctamente hasta que las hormigas dieron un paso más allá.

"Para que traeros la comida cada día, mejor os préstamos mucha comida, la almacenáis en vuestra despensa y más adelante ya nos la devolvéis".

Y así lo hicieron, las hormigas llenaron la despensa de las cigarras, que continuaban trabajando en la mejora de la colina. Pero como cigarras que eran, olvidaron porqué tenía la despensa llena de hongos. Para resolver el problema, Pepe se encargó de montar una Organización bien estructurada, dirigida por las mejores cigarras, para que el resto de la población trabajara adecuadamente.

Comían hongos, tantos como viajes realizaban las hormigas a visitar la colina, pero llegó un momento en el que las cigarras ya no comían los brotes de las hierbas, sólo comían hongos. Cultivaban plantas pero no las comían, se las llevaban las hormigas para a su vez cultivar hongos. Las cigarras sin embargo, no sabían cómo cultivar los hongos, pero no había problemas: ¡ya les traerían hongos las hormigas!

Pasado el tiempo las cigarras sólo construían galerías para que pudieran venir las hormigas de vacaciones a la Colina Soleada.

Cada hormiga pagaba la estancia con hongos y se llevaban hierbas de la colina. Pero las cigarras siempre perdían en el cambio y comenzaban a deberles muchos hongos a las hormigas.

Las cigarras habían perdido su estilo de vida, ya tomaban menos el sol y apenas cantaban. Querían parecerse a las hormigas, pero seguían siendo cigarras.

De nuevo, la amable Gela ayudó a las cigarras con este problema: "vosotras las cigarras coméis muchos hongos porque sois muy grandes, podríais venir a nuestro hormiguero para aprender cómo se hace. y estando allí coméis lo que necesitéis".

Las cigarras quedaron encantadas, al fin podrían aprender cómo se cultivaban los hongos. Así que el trato fue llevado a cabo y algunas cigarras, las más jóvenes, capaces e inteligentes, se marcharían al hormiguero para aprender el cultivo de hongos. A cambio un grupo de hormigas se marcharía a la Colina Soleada para construir allí una planta de cultivo de hongos.

Así continuaron durante un tiempo, las cigarras jóvenes nunca volvieron porque tenían todo lo que necesitaba: una nueva forma de vida y la autoestima de ser valoradas como una hormiga.

La época de las heladas se acercaba, así que Gela tenía que ir acabando con su plan para trasladarse a las hormigas a la Colina Soleada.

Como las cigarras habían comido tantos hongos prestados por las hormigas, un día, sin previo aviso Gela le dijo a Pepe: "¡Ya sabéis cultivar hongos, y como se acerca una época de mucho frío, nos tenéis que devolver todos los hongos prestados para que nosotras podamos soportar el frio del próximo invierno!".

Pepe que era una cigarra de palabra, prometió devolverles hasta el último hongo, pero las hormigas exigieron garantías. "No era nada personal, sólo negocios", comentó Gela.

De esta forma las cigarras tuvieron que emigrar obligatoriamente al hormiguero para conseguir cultivar más hongos. Esta vez no fue como la primera, cuando las jóvenes cigarras, alegres y animadas se marcharon, está vez fue una obligación.

Tal y como habían previsto las hormigas científicas, el frío comenzaba a aumentar, eso disminuía la cantidad de plantas, que a su vez eran destinadas al cultivo de hongos. Finalmente las cigarras no pudieron pagar sus deudas. ¿Cómo podrían pagar las cigarras su deuda? ¿Qué poseían las cigarras para hacer frente al pago?. La Colina Soleada.

Para llegar a un acuerdo amistoso, puesto que todos eran animales civilizados, las cigarras cedieron casi toda la Colina Soleada, pero muchas de ellas además tuvieron que trabajar en el hormiguero del valle y en la Colina Soleada cultivando los hongos.

Llegó el temido invierno, las hormigas se habían trasladado a la Colina Soleada y las cigarras trabajaban cultivando los hongos, pero ellas eran fuertes y saludables, bueno algunas murieron de hambre y frío, pero era el precio que Pepe había decido pagar para poner mantener la palabra y el compromiso al que había llegado con Gela, su amiga la reina de la hormigas.

Ya nadie, absolutamente nadie en el valle, podría volver a decir que las cigarras eran unas vagas.

Esta bonita fábula tiene su moraleja, como todas las fábulas, pero ¿sería trasladable a la vida real? ¿Se podría explicar así los orígenes de la crisis que sufre el mundo, y en especial algunos países entre ellos España?

Como lector, a lo mejor preferiría que todo el libro estuviera escrito en forma de fábula, pero el tema es muy serio y no debe estar sujeto a interpretaciones. Que Gela pueda sonar a líder político (hormiga Gela, ant Gela en inglés) o que Pepe sea un nombre muy español (o incluso siglas de algún partido político), no es relevante pues cuando comenzó a gestarse la crisis financiera eran otros partidos políticos y otros gobernantes quienes estaban en el poder en España y en Europa.

Plantear que exista una conspiración relacionada con la crisis, va más allá de una persona o de unos partidos políticos, se trata de algo más global, y a la vez cubierto por un gran secretismo.

Este libro es un documento de investigación, posiblemente no llegue a cumplirse todos los presagios que en él se incluyen, pero si algunas de las predicciones (basadas en estudios científicos y de centros de investigación de reconocido prestigio) llega a cumplirse, el futuro de la civilización tal y como la conocemos actualmente estaría a punto de desaparecer.

Si los malos pronósticos se cumplen, seguramente nacerá una nueva civilización, que heredará los males de la civilización actual, pero habría mucho que reprochar a los dirigentes políticos y económicos por no haber atendido adecuadamente a los científicos.

Como en el caso de la fábula, soy un mero narrador, y expongo lo que leo, investigo y deduzco. En muchos casos en lugar de interpretar un texto lo he trascrito directamente, citando la fuente, algunas teorías provienen de investigadores que se merecen su reconocimiento, y quien mejor que ellos para explicarlo.

"La conspiración del hielo" trata de la relación existente entre una hipoteca impagada por un griego, la pérdida de la paga extra de los funcionarios portugueses o españoles, y de la prima de riesgo de los países del sur de Europa; y su relación con que los romanos llevaran sandalias, que los vikingos conquistaran las costas de media Europa o con que los tercios españoles controlaran el mundo conocido de su época.

Pero lo más importante es que este libro intenta explicar la relación existente entre varias teorías que pronostican una próxima era glaciar y la crisis económica en la que está sumida la economía mundial desde el año 2008, y en especial la española.

Además sobre estas teorías se han realizado películas, documentales y publicado libros avisando sobre una futura era glaciar. En cada caso indicaré la fuente, espero que estén bien referenciadas en Internet, para evitar "errores informáticos" al copiar opiniones que corresponden a sus legítimos autores.

Con este libro no pretendo establecer un proceso cierto, sino un conjunto de razonamientos que pueden explicar determinados comportamientos o acontecimientos pasados, presentes y espero que no futuros.

Al tratarse de interpretaciones de una realidad no supone que sea cierta, pero al ser sólo interpretaciones de un pasado y predicciones de un futuro, si se cumple el futuro tal vez y digo, tal vez, parte de la interpretaciones del pasado podrían ser realidad.

Si nada de lo descrito de en este libro llega a cumplirse, mejor para toda la Humanidad. Si hay algo que no quisiera tener que vivir es el inicio de una era glaciar. Para la Humanidad los cambios son sinónimo de catástrofe y una catástrofe sinónimo de fin de civilizaciones.

Sería mucha coincidencia que el comienzo de la era glaciar comenzara el día 21 de diciembre de 2012, fecha establecida por los mayas como final de su calendario. Pero teniendo en cuenta que el Calendario Maya se basa en el Sol, y que una de las teorías para el inicio de una nueva glaciación es la disminución de las manchas solares, esto podría haber sido interpretado por los mayas como una desaparición del Sol de forma temporal.

En cualquier caso, la razón básica para escribir este libro es que no existe causa sin efecto, ni efecto sin causa. Los economistas son capaces de analizar las crisis pasadas, pero no de predecir las futuras (y si alguno lo hace nadie le cree). Las guerras se inician en aras de la paz, pero todo el mundo sabe que son en búsqueda del beneficio económico o político.

En los últimos 20 años se han producidos varias guerras cuyo objetivo es el control del petróleo y de otras riquezas naturales, 2 burbujas económicas (las puntocom y las subprime), una recesión mundial y una crisis económica y financiera en los países del sur de Europa (los PIGS: Portugal, Italia, Grecia y Spain).

Por otro lado surge una preocupación generalizada por el calentamiento global, y al menos dos teorías que pronostican la llegada de una era glaciar (la parada de la corriente del golfo y la parada de las manchas solares).

Curiosamente todos estos avatares llevan a que todos los países del Mediterráneo se han visto afectado por la crisis, por las guerras o por ambas cosas; sin embargo si llegara a cumplirse el fatalismo de la llegada de una era glaciar, la ribera del Mediterráneo será el mejor (o el menos malo) lugar para vivir de toda Europa.

¿Habrá alguna relación entre todos los sucesos? Yo la he encontrado y le he llamado "La conspiración del hielo".

Si no llego a acertar, me alegraría que el libro al menos le haya gustado y si he acertado, entonces, que Dios nos pille confesados (a los que no crean en Dios no se qué aconsejarles).

"Hay dos formas de conquistar y esclavizar a una nación: la guerra y la deudas". John Adams.

INTRODUCCIÓN

Cuando algo queremos que sea fácil de entender hay que encontrar otra cosa con la que pueda ser comparada. En el caso del cambio climático los científicos se encargan de extraer muestras de los fondos marinos, del hielo del Ártico y de la Antártida, y comienzan a realizar análisis comparativos entre los distintos periodos que ha padecido la Tierra. Pero esos análisis son complejos y la comunidad científica no siempre se pone de acuerdo en las conclusiones de los descubrimientos marcados y en las fechas de referencia.

Por lo que he podido deducir, la última era glaciar fue hace más de 10.000 años y se espera que cumpliendo los ciclos entre glaciaciones, entremos en una nueva etapa glaciar en unos 500 años. Algunos científicos afirman que ya le hemos robado tiempo a la etapa interglaciar y debería haber comenzado la siguiente glaciación.

¿Pero sería necesario entrar en una era glaciar para que la economía mundial se viera avocada a una catástrofe?, pues no, sólo sería necesario que bajara la temperatura media unos grados y países del norte de Europa, América y Asia verían ampliamente afectado su crecimiento, entorpeciendo su vida diaria y generando un desequilibrio en el status quo en el reparto de la influencia económica de esos países.

Frente a esta posibilidad están los defensores del calentamiento global, provocado por el crecimiento industrial y la continua quema de minerales orgánicos y la consiguiente emisión de los gases que favorecen el efecto invernadero, curiosamente algunos científicos no ven en esta teoría una contradicción, sino el origen para que se produzca un adelanto de una de las posibles teoría sobre la llegada de una futura era glaciar.

Un aumento de unos grados en la temperatura global de la Tierra podría ser potencialmente corregido, modificando el consumo energético, y en el peor de los casos supondría que países del norte de Europa tengan un clima más benigno. Sin embargo una bajada de unos grados en la temperatura para esos mismos países, supondría una bajada de temperatura sólo atenuable mediante más consumo de energía, conllevaría un deterioro en la agricultura y una considerable alteración en la vida diaria de los ciudadanos.

Históricamente los cambios climáticos han permitido que distintas civilizaciones hayan surgido y posteriormente hayan desaparecido. Por ejemplo la primera gran civilización conocida, la egipcia surge en África principalmente gracias a la mejora de la producción agrícola, además se conoce en la misma zona la existencia de la asiria, sumeria, griega, etc. Sin embargo no hay referencias escritas ni arqueológicas de grandes civilizaciones en el norte de Europa, ni en el norte de América, ni en el norte de Asia.

No hay que olvidar a China e India que también han tenido sucesivas épocas de prosperidad y de recesión. Todos estos movimientos tienen una relación directa con la mejora del clima, como consecuencia de ello la mejora de los cultivos, el aumento de la población y la posibilidad o la necesidad de comenzar una conquista de los territorios vecinos.

Alejandro Magno dominó el mundo conocido, posteriormente fueron los romanos quienes dominaron el mundo, pero de forma periódica durante los 8 siglos Roma recibió oleadas de invasiones desde Asia, África o el norte de Europa. Los hunos, los cartagineses y los bárbaros del norte realizaron oleadas de invasiones que quedaron documentadas por los historiadores romanos.

Estos movimientos migratorios y guerras promovidas por el aumento de población a orillas de los límites del imperio romano, tuvieron su origen en una mejora del clima de cada una de las zonas de origen. Dato muy importante es que el centro económico siempre fue el Mediterráneo, los países del norte o del sur fueron cambiantes, pero el Mediterráneo siempre fue un buen lugar para vivir y para el desarrollo de nuevas civilizaciones.

El final del imperio romano supuso también el paso para el desarrollo de los pueblos del centro de Europa o del norte de África, los bárbaros del norte y los árabes en el sur pasaron a dominar económica y culturalmente durante varios siglos.

O tal vez fue al revés, la mejora del clima de cada zona y en cada época fue la causa para que unos países sustituyeran a otros en el dominio de Europa.

Tengo que señalar que mi reiteración sobre el control y dominio de Europa no es caprichosa, salvo China el resto del mundo no tenía influencia en el devenir de las conquistas militares hasta el siglo XIX.

La Edad Media llevó al norte y centro de Europa a una etapa de estancamiento, siendo nuevamente el Mediterráneo dominado por la civilización árabe que tenía el mayor apogeo de la época.

¿Cuál puede ser la causa?, posiblemente un cambio climático temporal: mayor frio en el norte de Europa y menos calor en el norte de África.

Es a partir del siglo XIV cuando Europa recupera la su posición dominante, económico y cultural, y el retroceso del dominio árabe. Otra vez un proceso similar al sucedido tras la caída del Imperio Romano.

El siguiente proceso de recuperación del sur está relacionado con el Siglo de Oro del Imperio español, donde ya sí existe documentación sobre el clima y donde se puede observar que la temperatura era mucho más baja que en años anteriores a 1645 y posteriores al 1715. El dominio del Imperio Español está también relacionado con el descubrimiento de América, pero son dos temas relacionados, dado que se realimentan mutuamente.

España conquista América gracias a su mejora económica y militar, y posteriormente mantiene esa situación de privilegios porque el resto de Europa no estaba en disposición de combatir a los tercios españoles. El clima más allá de los Pirineos no permitía un desarrollo económico al mismo ritmo que en el sur y el valor añadido que aportaba la conquista de América permitió ese dominio Español sobre Europa. Muy mal tenía que estar la situación económica y social debido al clima en el norte de Europa para que los pésimos gestores del Imperio lo controlaran durante más de un siglo.

No es de extrañar que Luis XIV adoptara el apodo del Rey Sol, reinó desde 1643 hasta 1715 y durante esos años se echaba en falta el calor que aporta el astro rey.

A partir de ahí se traslada el centro de poder económico a Centroeuropa: a Francia, Gran Bretaña y Alemania, y durará hasta el final se la Segunda Guerra Mundial.

Todos estos cambios en el dominio de Europa pueden explicarse con una relación directa con el clima, clima es agricultura, agricultura es comida, comida es bienestar y riqueza para la población, población es sinónimo de capacidad de conquista y dominio de otros territorios.

Otra confirmación de que el clima ha sido cambiante durante los últimos 3.000 años, lo podemos observar en las representaciones escultóricas o pictóricas de cada época. Teniendo en cuenta que la pintura siempre idealizará la imagen plasmada en los lienzos, la representación de: los romanos, el Renacimiento, el Rococó, los locos años 20, siempre muestran trajes livianos y vaporosos. Por el contrario, la Edad media, el Barroco (pequeña edad de hielo), la época victoriana, se representa con trajes gruesos, abrigos e incluso escenas con paisajes nevados o incluso helados.

En resumen, cortas épocas de frio en el norte de Europa suponen un dominio de los países del costeros del Mediterráneo, por el contrario épocas más calurosas han supuesto el dominio de los países del norte o centro de Europa.

Así aparecieron los vikingos y normandos que tuvieron su esplendor en los siglos VIII y XI, los historiadores no se ponen de acuerdo en la causa y su necesidad de su expansión, pero parece que existió un aumento de la población debido a la mejora climática y el aprovechamiento de las rutas comerciales que no estaban siendo explotadas por nadie a medida que el control árabe iba retrocediendo.

El declive vikingo comienza a partir del siglo XII, podría deberse al mestizaje y a su asentamiento en territorios sureños, o a que entre 1350 y 1715 existió una época denominada la Pequeña edad de hielo, especialmente acentuada alrededor de 1650.

Pero la Pequeña Era de Hielo no fue una "verdadera" glaciación porque no se enfrió lo suficientemente como para hacer que las capas de hielo se expandieran. El enfriamiento afectó áreas alrededor de todo el mundo, pero los registros que se tienen muestran cómo este cambio afectó la vida cotidiana de Europa.

A continuación, detallo algunos ejemplos de lo que sucedió:

- Los cazadores de pieles reportaron que el sur de la bahía de Hudson permaneció congelada por lo menos tres semanas más cada primavera.

- Los pescadores reportaron grandes cantidades de hielo marino en el Atlántico norte.

- Los británicos vieron esquimales remando sus canoas desde la costa de Inglaterra.

- La pérdida de cosechas y de ganado causó hambrunas y enfermedades en varias regiones de Europa.

- Según los registros de los anillos de los árboles, los inviernos se hicieron más largos.

- El clima húmedo generó enfermedades que afectaron a personas, animales y cosechas, incluyendo la plaga de peste bubónica (también conocida como Muerte Negra), que mató a más de un tercio de las personas en Europa.

- Las granjas y pueblos en Europa del norte estaban desiertas, ya que las cosechas daban muy poco alimento. Durante los inviernos más fuertes, el pan debía ser hecho de las cortezas de los árboles, ya que no había cosecha de granos.

- Cosechas limitadas y ganado enfermo implicaron hambrunas en regiones al norte y al este de Europa. A diferencia de hoy, en esa época no había manera de transportar los alimentos alrededor del mundo hacia regiones en donde las cosechas habían fallado.

El proceso asociado a la mini edad de hielo comienza con la muerte y la enfermedad, continua con la desaparición del orden en el poder establecido, se convierte en desorden y acaba con el traslado hacia el sur de los centro de poder económico y político.

Todo este proceso suena muy catastrófico, porque así fue, el principio de la etapa fría en 1340 supuso la muerte de 1 de cada 3 europeos por la peste negra. Sin embargo el inicio de una era templada es menos traumático, no hay muerte sino crecimiento de población, económico y científico. Lamentablemente la Historia nos muestra que toda etapa de crecimiento acababa en una guerra por el dominio del territorio, el comercio o la necesidad de imponer ideas.

Lamentablemente este libro viene a dejar constancia de la inminente llegada de una era glaciar, cuál puede ser su origen y cuáles serán sus consecuencias. Pero si yo he tenido acceso a esa información el poder establecido seguro que también ha manejado y maneja estos datos, por lo tanto es lógico que deba actuar para mantener el estado de dominio que actualmente le beneficia.

¿Por qué hablo de una conspiración?

Si los países productores de petróleo se reúnen para marcar los precios, manipulan el mercado y lo comunican a la población y ésta debe aceptarlo sí o sí, se le llama cártel.

Si un conjunto de empresas o personas se reúnen para manipular o controlar un determinado mercado, y para alterar los precios mediante actividades ilegales. La población lo sabe, pero es difícil de combatir por parte de las fuerzas públicas, se le llama mafia.

Si se reúnen las personas que controlan el mundo: políticos, empresarios, ricos en general, para acordar un plan en el que sólo ellos salen beneficiados; donde la población, e incluso los estados, desconocen, y donde no podemos hacer nada para evitarlo, se llama conspiración.

La principal característica de una conspiración es que la verdad sólo la conocen aquellos que montan dicha conspiración, el resto del mundo sólo puede hacer conjeturas. Ya se encargarán mediantes el uso de los medios de comunicación de trasladar a la población la Verdad que en cada momento crean más conveniente.

El cuarto poder como se denomina al periodismo queda supeditado a los interés de este grupo de poder. Si por ejemplo hay que apoyar que se está produciendo un calentamiento global y que la culpa es del CO_2, sólo basta con repetirlo una y otra vez para que la población acabe creyéndolo.

La comunidad científica está dividida en cuanto a este tema, pero una conspiración como la que yo planteo que existe, no puede permitirse el lujo de tener a la opinión pública preocupada por la llegada de una glaciación. El calor por otra parte asusta menos, es menos tangible una subida del nivel del mar, que un aeropuerto cerrado por la nieve durante varios días (por ejemplo en diciembre de 2010 en el norte de Europa). Las olas de calor son pasajeras, sin embargo hablar de glaciación es hablar de un frío que viene para quedarse mucho tiempo.

Por tanto los medios de comunicación tienen mucho ver en la forma de transmitir todas las informaciones referentes al clima, siempre muestran la noticia en el momento, porque no tienen más remedio, pero casi nunca buscan una causa. Sin embargo, no pasa un día de calor en el que no se relacione su origen con el calentamiento global.

Todo es un gran negocio, que existe calentamiento global sí pero las causas no son sólo las emisiones de gases, también interviene el sol, el campo magnético, la deforestación, etc. Pero mientras que la población se prepara para la llegada del calor, veremos en este libro como otros se están preparando para el frío.

TEORIAS SOBRE LA PRÓXIMA ERA GLACIAR

La primera teoría. La parada de la corriente del golfo

Existen al menos dos teorías sobre una futura e inminente Era Glaciar, la primera está basada en una parada de la corriente del golfo, motivada principalmente por el aumento del agua dulce aportada en el Atlántico Norte.

El calentamiento global producido por la emisión de gases de efecto invernadero, está produciendo un desprendimiento de bloques de hielo del Ártico y de Groenlandia, y como efecto secundario un descenso de la salinidad de las aguas cercanas al océano Ártico.

La corriente del golfo hace fluir una corriente de agua caliente desde el golfo de México hacia el Ártico, desde allí retorna hacia el sur mediante las corrientes profundas de la circulación termohalina.

[3] Los últimos datos de los satélites establecen que la Corriente del Atlántico Norte (también llamada la Deriva del Atlántico Norte) ya no existe y con ella la corriente de Noruega. Estas dos corrientes de agua caliente en realidad son parte del mismo sistema que tiene varios nombres según el lugar en el Océano Atlántico que esté. Todo el sistema es una parte clave del sistema regulador de calor del planeta, es lo que mantiene a Irlanda y el Reino Unido sobre todo libre de hielo y los países escandinavos de ser demasiado frío, es lo que mantiene alejado a todo el mundo de otra Edad de Hielo. Esta circulación termohalina del sistema ahora está muerta en los lugares habituales y comienza a morir en otros.

Este "río de agua cálida" que se desplaza por el Océano Atlántico se llama, en varios lugares, la Corriente del Atlántico Sur, el actual norte de Brasil, la Corriente del Caribe, la Corriente de Yucatán, la Corriente del Lazo, la Corriente de Florida, la Corriente del Golfo, la Corriente del Atlántico Norte (o Deriva del Atlántico Norte) y la Noruega actual.

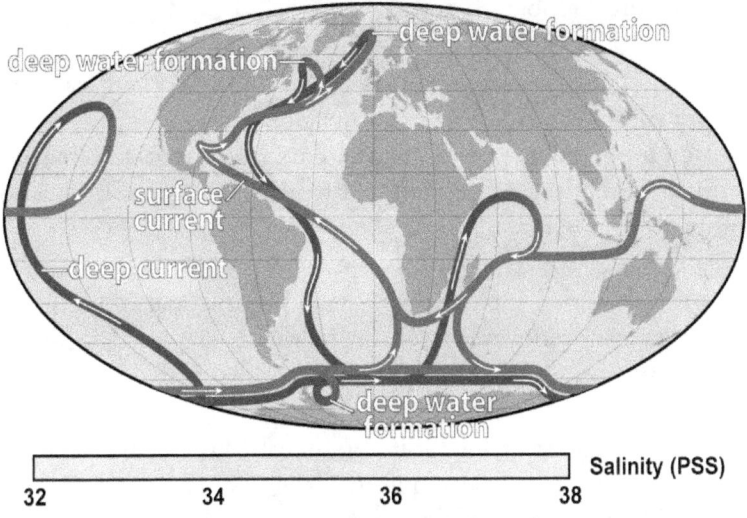

Según ha informado el doctor Gianluigi Zangari, físico teórico italiano, y Analista de Sistemas Complejos y Caóticos en los Laboratorios Nacionales Frascati en Italia, los datos oceanográficos del satélite muestran que la Corriente de Lazo del Golfo de México se ha detenido como consecuencia del desastre de los derrames de petróleo de la BP.

El doctor Zangari ha explicado que los efectos de esta parada ya se han empezado a extender a la Corriente del Golfo. Esto es debido a que la Corriente de Lazo es un elemento crucial de la Corriente del Golfo, razón por la que suele denominarse como el "motor principal" de la Corriente.

La preocupación de Zangari se concentra en que si esta Corriente de Lazo no consigue volverse a poner en marcha de forma natural, pueden producirse consecuencias nefastas globales como cambios climáticos extremos y muchos otros fenómenos críticos. Las repercusiones ocasionarán sequías extensas, inundaciones, fracasos en los cultivos y, como consecuencia de ello, falta de alimentos a nivel global.

Mientras los analistas están seguros de trivializar las ramificaciones de este evento, "la verdadera preocupación", dice Zangari, es que no existe un precedente en la historia para la sustitución repentina de un sistema natural, mediante un sistema disfuncional hecho por el hombre.

En cuanto al dispersante que se está utilizando para eliminar la marea negra, está influyendo negativamente en la actividad normal de la corriente del Golfo.

La corriente penetra en el Golfo desde el Mar Caribe. El calor tropical actual hace que destaque de las aguas frías que rodean al Golfo de México. La corriente pierde su impulso hacia el norte, hacia mediados del Golfo, y se dobla sobre sí misma al fluir hacia el sur.

Entonces se mezcla con la corriente del Golfo en su viaje hacia la Costa Este.

Según han explicado muchos protectores del medioambiente, lo que se sabe es que la fórmula, que mantiene una base de petróleo, es cuatro veces más tóxica para la vida, que el petróleo que esparce. Lo peor es que se han vertido aproximadamente entre 1,8 y 2 millones de galones de este dispersante (Corexit) en el Golfo de México.

Este es un factor crítico, ya que según le muestran los datos actuales del satélite en cuanto al Golfo, Zangari afirma que la Corriente de Lazo del Golfo de México ya se ha detenido de forma clara. Esto es consecuencia de los impactos medioambientales provocados por el hombre al introducir petróleo, que estaban compuestos por otros agentes (Corexit, etcétera). Lo que es todavía peor, estos datos actuales del satélite muestran pruebas claras a Zangari de que se ha generado un nuevo sistema artificial en el Golfo, en un periodo de tiempo muy corto. Este sistema nuevo y antinatural, ha cambiado la viscosidad, temperatura y salinidad del agua marina del Golfo, por lo tanto causando que la Corriente de Lazo se detenga. Un sistema que había existido durante millones de años.

Como consecuencia de ello, no existe forma alguna para los científicos de poder predecir su posible evolución futura, aunque todo apunta a que aparecerán explicaciones para desviar la atención y trivializar la gravedad del evento.

La importancia de la Corriente del Golfo fue sacada a la palestra en la película "The Day After Tomorrow" (2004), en la que se expone que la Corriente del Golfo se ha detenido provocando que las temperaturas en Nueva York pasen de ser extremadamente elevadas a bajo cero en cuestión de horas.

Basándose en datos científicos verdaderos, la película mostró a la audiencia cómo la Corriente del Golfo transporta agua cálida de las regiones del Ecuador de la Tierra, a lo largo del litoral oriental de América, y luego a través del Atlántico hasta el norte de Europa.

Ahora, las mediciones de la temperatura actual de la Corriente del Golfo en el Frente Atlántico (del meridiano 76 al 47) aparece unos 10 grados centígrados más fría que lo que marcaba el año pasado en esta época. Como consecuencia de ello, se ha producido un nexo de causalidad directa entre la detención de la Corriente de Lazo y esta nueva disminución de la temperatura en la Corriente del Golfo del Frente Atlántico.

Por esta razón, la investigación de Zangari se centra actualmente en encontrar señales que muestren que el Golfo vuelve a su equilibrio natural anterior.

Nuevamente, insiste en hacer predicciones (pesimistas u optimistas) debido a que "este fenómeno es impredecible porque está dirigido por una fuerte no-linealidad".

De todas formas, debemos plantear la pregunta "¿Qué nos depara este nuevo nexo en nuestro futuro? A este respecto, Zangari explica que "podemos afirmar que este nuevo sistema (la Corriente del Golfo) está cambiando de una forma impredecible, que podría producir consecuencias graves a escala planetaria".

El doctor Gianluigi Zangari es miembro asociado de la División de Investigación del Instituto Nacional de Físicos Nucleares del Laboratorio Nacional Frascati, del Instituto Nacional de Física Nuclear, en Italia. Un centro de investigación de prestigio, centrado en la física de alta energía.

La valoración de Zangari está basada en el monitoreo diario de datos a tiempo real de los datos públicos ofrecidos por satélites oceanográficos llamados "Real-Time Mesoscale Altimetry", del Jason, Topex/Poseidon, Geosat, Follow-On, ERS-2, y satélites Envisat.

Estos satélites obtienen los datos y son puestos a disposición del público por la NASA, NOAA y por el Centro de Investigación Astrodinámica de Colorado (CCAR) y la Universidad de Colorado, en Boulder.

Los datos de los mapas que ofrece la CCAR facilitan a investigadores como Zangari un flujo continuo de marcadores del las dinámicas oceánicas y del mar:

altura de superficie, velocidad, temperatura. Un cuarto marcador que a Zangari le ha parecido especialmente útil, son los mapas de clorofila de emisión infrarroja. Esto es debido a que muestran los cambios a tiempo real de la Corriente del Golfo.

Añadido a los cambios en la velocidad oceánica, Zangari ha informado que en los análisis también ha registrado un cambio preocupante en las temperaturas oceánicas de superficie. Los datos publicados por la Universidad de Rutgers proceden de los mapas de datos de la Administración Nacional Oceánica y Atmosférica (NOAA). El doctor Zangari re-elabora y comprueba estos mapas utilizando su propio sistema de cálculo denominado SHT (patentado en 1999).

Uniendo todos estos datos, estos cuatro marcadores empezaron a tomar un giro hacia lo peor, poco después de la explosión en aguas profundas de Horizon, el 20 de abril de 2010. Este rápido giro de acontecimientos hizo que Zangari se preocupara bastante por la Corriente de Lazo, y entonces el 28 de julio de 2010, sucedió el peor caso imaginable. Zangari explicó con tristeza: "La Corriente de Lazo simplemente se detuvo y no tenemos ni idea de si puede volverse a reiniciar por sí sola, porque ahora nos enfrentamos a incógnitas desconocidas".

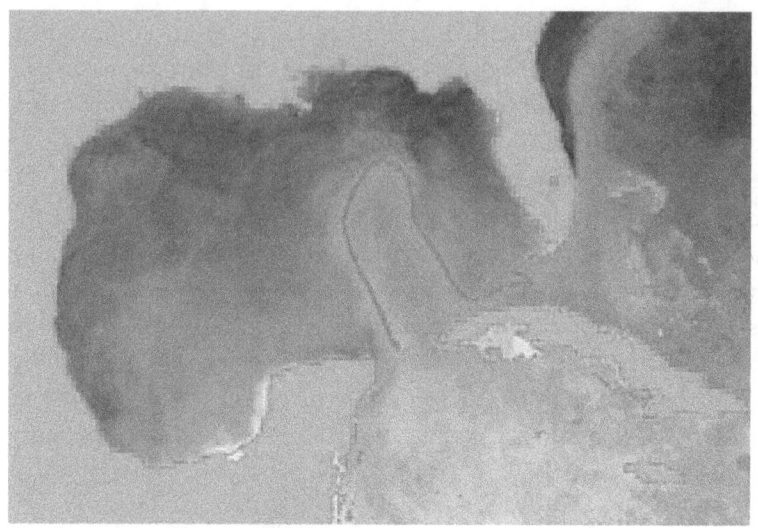

Corriente del golfo normal 2004

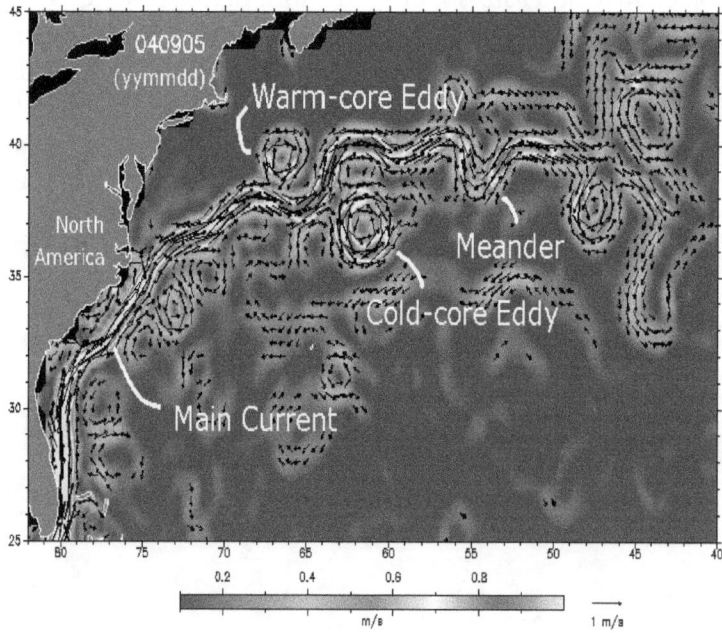

Corriente del golfo después del derrame de petróleo julio 2010

El Invierno más frío en 1.000 años está en camino.

Los patrones climáticos están confirmando esto.

La corriente del Atlántico Norte se ha ido

[4] Además, el petróleo ha fluido hasta la Costa Este de América y en el Océano Atlántico Norte, y no hay manera de limpiar con eficacia a este "aceite de fondo del mar'. Es probable, sobre la base de numerosos informes, que el petróleo sigue fluyendo en cantidades masivas desde múltiples lugares en los fondos marinos.

Esto efectivamente significa que incluso si tuviéramos la tecnología en lugar de limpiar de alguna manera el flujo libre de petróleo crudo de gran espesor en las aguas profundas del océano, no sería probable que sea suficiente para revertir el daño a la circulación termohalina del sistema en el Océano Atlántico.

La corriente del Golfo

[5] Según los expertos, la velocidad de la corriente en los últimos años se ha reducido casi en dos veces por lo que, a partir de ahora, no tendrá tiempo suficiente para compensar el frío de los vientos árticos. Según consideran científicos del Instituto de Meteorología y Recursos Hídricos de Polonia, los cambios climáticos ya se pueden detectar en los países escandinavos. Los expertos pronostican que en caso de la extinción definitiva de la corriente, en Europa empezará un período glacial mientras que Escandinavia se transformará en un enorme glaciar.

Mientras tanto, las investigaciones del astrofísico ruso de origen uzbeko, Khabibullo Abdusamatov, también apuntan a que la era del calentamiento global ha finalizado y dentro de 42 meses la humanidad tendrá que enfrentarse a una nueva "edad de hielo".

En resumen, el deshielo del Ártico y Groenlandia, donde se encuentra el 75% de las reservas de agua dulce la Tierra, debido al aumento de temperaturas debido al calentamiento global provoca que la circulación termohalina (la vuelta de la corriente del golfo), se produzca cada vez más al sur.

Los vertidos de petróleo y de disolventes en el Golfo de México han provocado que la velocidad de la Corriente del Golfo se haya reducido a la mitad.

Uniendo los 2 efectos, tenemos que la Corriente del Golfo se para por el Atlántico Norte y se desacelera desde el Caribe, las consecuencias son claras, menor cantidad de agua caliente que fluye hacia el norte y por tanto que contrarreste los vientos fríos del Ártico.

El problema está planteado, falta determinar la fecha de parada total de la corriente, o como afirman algunos científicos, del comienzo de una nueva "Edad de Hielo".

La segunda teoría. La llegada de otro mínimo de Maunder

El siguiente artículo está escrito por Jesús Salvador Ginés, es muy ilustrativo sobre lo que fue el trabajo de Maunder y el descubrimiento de una relación directa entre las manchas solares y el clima de la Tierra.

[6] Todo empieza en 1843. Heinrich Samuel Schwabe (1789-1875), farmacéutico alemán aficionado a la Astronomía, con el ánimo de encontrar a Vulcano, un hipotético planeta entre el Sol y Mercurio, inicia una exhaustiva recopilación de sus observaciones disponibles de las manchas solares (abarcaban desde 1826), que son las más evidentes manifestaciones de la actividad solar. Descubrió que su número varía periódicamente. En años apenas se veían, después en unos pocos aumentaban en cantidad, manteniéndose en número a lo largo de un par de años, y por último, poco a poco empezaban a menguar durante cinco o seis años más. En total, once años, aproximadamente, en los que era claro que existía un ciclo, con máximos en los que se observaban gran cantidad de manchas solares y mínimos en los que apenas de distinguían.

Otros astrónomos pronto continuaron la labor de Schwabe, mejorando el rigor de las observaciones, pero medio siglo después de que él empezara su tarea, en 1893, Edward Walter Maunder, del Royal Greenwich Observatory, en Gran Bretaña, decidió construir la llamada 'curva undecanal', es decir, mostrar en un gráfico la actividad solar durante un extenso periodo de tiempo. Se basó en observaciones fiables de Galileo Galilei (1564-1642) y de otros astrónomos de la época para el intervalo que abarcaba desde la aplicación del telescopio hasta 1700.

Maunder constató, asombrado, que a partir de 1643, las observaciones no incluían la presencia de grandes cantidades de manchas solares. De hecho, no había casi ninguna anotación entre ese año e inicios del siglo XVIII. Para divulgar sus hallazgos,

Maunder publicó en 1894 un artículo en el que llegaba a una conclusión extraordinaria: durante casi setenta años, en el intervalo que abarca desde 1645 hasta 1717, el Sol no había mostrado prácticamente ni una mancha en su superficie (1). Y esto es extraordinario porque incluso en los momentos de menor actividad, casi siempre es posible ver alguna. No se estaba considerando no observar manchas solares durante un mínimo, que abarca dos o tres años, sino a lo largo de seis largos ciclos de actividad solar. Es más, parece ser que las manchas observadas en todo ese espacio de tiempo eran más o menos similar a las vistas en un mínimo cualquiera. Y aún algo más increíble; según el estudio de Maunder, existía una década (desde 1660 hasta 1670), en la que nadie, absolutamente nadie, había podido detectar una sola mancha solar. En otras palabras, durante un ciclo entero, el Sol había evidenciado un funcionamiento mínimo, al relantí, algo traducido en su superficie como inexistencia total de manchas.

Un descubrimiento tan sorprendente e importante merece encuadrar a Maunder dentro del reducido grupo de astrónomos que con sus aportaciones han cambiado radicalmente la visión que teníamos del Universo. Maunder nos reveló que el Sol cambia, que su vida no ha sido siempre igual de monótona, sino que ha padecido periodos en los que reducía su actividad a la mínima expresión, algo que no era esperable de ninguna manera en un astro tan estable.

Pero Maunder no tuvo suerte. Su artículo fue seguido por muy pocos astrónomos, aunque para realizarlo había contado con la ayuda en la documentación de otros compañeros observadores. Y si nadie confió en lo que Maunder decía fue debido más a una cuestión de fe en las teorías establecidas que por fallos o errores en la teoría del astrónomo inglés. El único punto débil que podía achacársele a Maunder fue sustentar sus ideas en una base de datos carente de la total fiabilidad. En efecto, los registros no ofrecían mucha seguridad de que fueran correctos o cuidados.

Aunque fueran los más numerosos, los informes poco fiables estaban confirmados por los de otros magnos astrónomos, de los cuales no cabía duda razonable alguna de su buen hacer como observadores, ya que su vida estaba llena de importantes y difíciles descubrimientos, pero ni aún así Maunder recibió la atención que merecía.

John Flamsteed (1646-1720) primer astrónomo real inglés, de gran reputación y agudeza visual (preparó un catálogo de 3.000 estrellas en el que consignaba su posición con una precisión de 10 segundos de arco, una verdadera hazaña para la época), reseñó que por fin había podido observar una mancha solar, tras varios años intentándolo.

Por otra parte, el no menos célebre Giovanni Domenico Cassini (1625-1712), bastante antes que Flamsteed, conservaba observaciones muy antiguas, desde prácticamente 1645, es decir, a partir de cuando Maunder había considerado el inicio de su periodo de escasa actividad. Lo que Cassini escribió en 1671 se convertiría en una importante baza a favor de la teoría de Edward Maunder: aquel año, el astrónomo italo-francés había visto una mancha solar; por primera vez en ...¡veinte años!. Cassini no era precisamente un astrónomo de poca habilidad visual. Para los que conozcan un poco a este extraordinario observador, recordar que además de descubrir la banda oscura entre los anillos de Saturno (división de Cassini), efectuó multitud de estudios sobre la rotación de Marte, los cinturones nubosos de Júpiter, las distancias planetarias, etc. En otras palabras, era uno de los astrónomos de mayor capacidad y talento que han existido. Si Cassini había visto una mancha solar después de veinte años de no captar ninguna, había, por fuerza, que creerle.

Asimismo, el francés Jean Picard (1620-1682) dejó escrito que el llevaba una década entera sin avistar ninguna mancha hasta que por fin vio una, precisamente en 1671, el mismo año que Cassini.

Sin embargo, el recelo a aceptar los estudios de Maunder era por otros motivos. Tal vez aunque el mismo Newton hubiera certificado la inexistencia de manchas solares durante prácticamente toda su vida (curiosamente casi coincide con el periodo de que estamos hablando, 1642-1727), los científicos de principios del siglo pasado continuarían obcecados en rechazarlo. Y esto es así porque lo que Maunder estaba destrozando la visión aceptada de un Sol con un ciclo de actividad perfectamente establecido, de once años, que se había constatado al milímetro durante los últimos 170 años (figura 1).

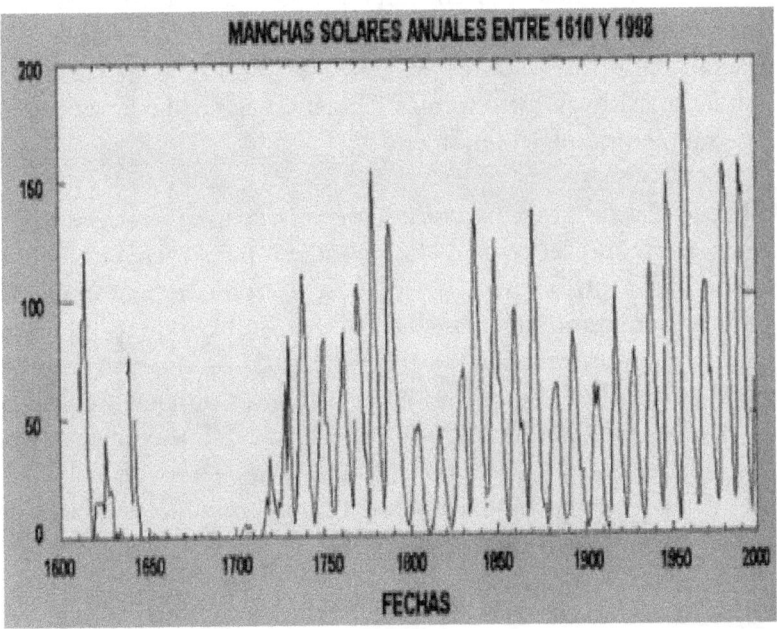

Figura 1: recuento del número de manchas observadas en la fotosfera solar desde los primeros registros telescópicos (hacia 1610) hasta 1998. Es clara la perfecta periodicidad de aproximadamente once años que presenta el ciclo solar, pues desde 1720 hasta la actualidad se ha presentado sin apenas modificaciones. El periodo de escasas o nulas manchas solares también aparece con nitidez entre 1645 y 1715, y con anterioridad

(1610-1645) las anotaciones, aunque fragmentarias, evidencian que se registraban bastantes manchas solares. (A. A. González Coroas)

Lo extraño es que antes incluso del periodo de mínimas manchas solares, es decir, el intervalo que abarca entre las primeras observaciones telescópicas (hacia 1610) y el inicio del propio mínimo (1645), han quedado registradas gran cantidad de manchas, en especial en 1615, cuando parece ser que se alcanzaron valores cercanos a los de un máximo solar normal. En otras palabras, antes y después del periodo que estamos analizando había manchas en número abundante, y entre 1645 y 1715 apenas aparecen unas pocas. Su escaso o nulo número es constatado por observadores prestigiosos y así lo recoge y expone Maunder a la Royal Astronomical Society. Pero nadie le reconoce su acertado enfoque del fenómeno.

De hecho, ha de pasar prácticamente tres cuartos de siglo hasta que se redescubre el trabajo de Maunder. Incluso en una época tan próxima a nosotros como 1965 se continuaba ignorando el prolongado mínimo de manchas solares, sobretodo porque se creía que en ese intervalo de tiempo los datos no eran fiables, aunque ya hemos visto que no era así. Incluso un científico de la talla de George Gamow (1904-1968), en su famoso libro "Una estrella llamada Sol", de 1964, iniciaba el recuento de manchas desde 1750, prácticamente a partir del fin del mínimo de Maunder (figura 2).

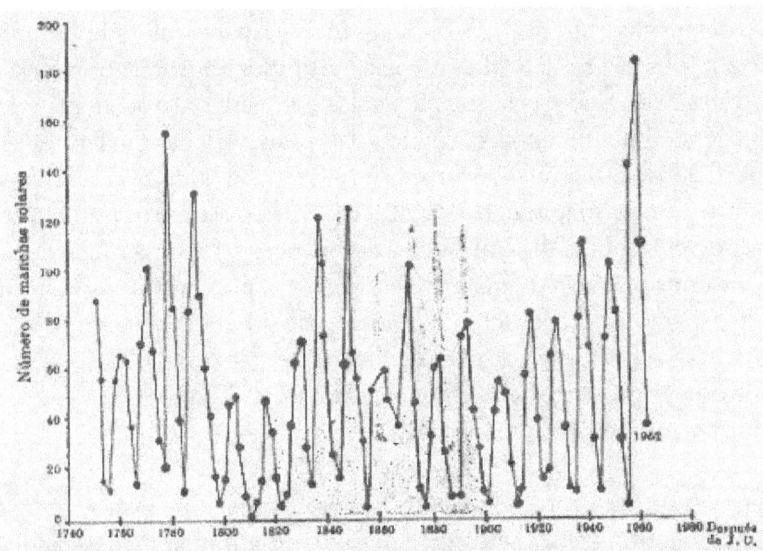

Figura 2: gráfico extraído de la obra de G. Gamow "Una estrella llamada Sol", en el que se observa que considera el inicio de los registros fiables en 1750, justo después de finalizar el mínimo de Maunder. (G. Gamow)

Debemos esperar hasta 1970 para que el astrónomo solar John A. Eddy (High Altitude Observatory, Colorado, EE.UU.) analizara los estudios de Maunder con nuevos datos y observaciones a las que este último no tenía acceso, y publicara a su vez un artículo donde certificaba que las ideas de Maunder eran esencialmente correctas, bautizando como "Mínimo de Maunder" el periodo correspondiente entre 1645 y 1720. Eddy apoyó sus conclusiones en una serie de importantes premisas (2), entre las que caben destacar sobretodo tres puntos, a saber: la cantidad de auroras visibles en ese intervalo, el análisis del 14C (carbono 14) en los anillos de crecimiento de los árboles, y el clima que sufrió nuestro planeta durante el propio Mínimo.

1) Las auroras (figura 3), esos magníficos espectáculos de luz que pueden observarse en altas y bajas latitudes (auroras boreales y australes), son debidas a que partículas energéticas procedentes del Sol, generalmente expulsadas tras la aparición de fáculas en la superficie de la estrella, alcanzan a la Tierra, y son desviadas por nuestro campo magnético hacia las regiones polares, donde entran en contacto con la alta atmósfera del planeta y se ionizan, es decir, los átomos pierden o ganan electrones y, por tanto, ya no son neutros, sino que adquieren carga eléctrica. Esta ionización de las partículas solares provoca la excitación de los átomos de oxígeno y nitrógeno presentes en la misma ionosfera, lo que se traduce en la formación de brillantes auroras.

Bien, las auroras son, por tanto, una manifestación de la actividad solar. Cuando el Sol está muy activo y son abundantes las fáculas en su superficie, se expulsan gran cantidad de partículas de alta energía, llegan a los polos terrestres y excitan los átomos de la ionosfera.

A mayor número de partículas, más auroras y de mayor intensidad en su brillo podremos observar.

Figura 3: imagen tomada desde el trasbordador espacial Discovery en la misión STS-39 de una aurora austral. (NASA)

Si la actividad solar durante el Mínimo de Maunder hubiera sido tan baja, los registros de auroras, por fuerza, deberían ser a su vez igual de escasos, y aquí no había posibilidad alguna de error en las observaciones, pues para ver una aurora el único requisito es hallarse en una zona cuánto más próxima al polo mejor. Son tan brillantes y espectaculares que a simple vista es el mejor método para disfrutarlas.

1. E. W. Maunder no fue, parece ser, el primero en publicar la relación de manchas solares en ese periodo de 1645-1715. En efecto, Friedrich Wilhelm Gustav Spörer (1822-1895), astrónomo alemán, escribió un artículo en 1887 donde especificaba

claramente que sus averiguaciones mostraban la existencia de un mínimo de actividad solar durante esos setenta años. Pero como Maunder resumió los resultados hallados por él mismo y por Spörer a la Royal Astronomical Society, en su artículo de 1893, todos los méritos le fueron concedidos a Maunder. Incluso casi un siglo antes, en 1792, Joseph Lalande (1732-1807) astrónomo francés de gran reputación, había mencionado ya la inexistencia de manchas solares entre 1645 y 1720, pero no tuvo su observación gran trascendencia en el mundo astronómico y fue casi olvidada por completo.

Resumen de esta segunda teoría, los estudios de la comunidad científica, en este caso los astrofísicos, parecen demostrar que la actividad solar es cambiante en el tiempo. Durante épocas el número de manchas solares aumenta y durante otro periodo disminuye.

Más adelante aportaré otros estudios que relacionan este fenómeno con el alineamiento de la masa de los planetas del sistema solar, provocando un cambio en la actividad solar.

Lo que si queda bastante correlacionado es que a menor actividad solar, mas frio en la Tierra. El mínimo de Maunder coincide con la mini edad de hielo, 1645-1720. Por tanto si se consigue anticipar una disminución de la actividad solar, se puede también deducir un aumento del frio en la Tierra.

Estamos cercanos a un nuevo mínimo de Maunder, pues según algunos astrónomos, sí y de forma inminente, dado que los ciclos solares son bastantes estable y sus estudios así lo avalan. Concretamente 2012 será el último año donde la actividad solar en forma de manchas solares será "normal", a partir de ahí comenzará un descenso en el número de manchas solares y por tanto el consecuente enfriamiento terrestre por falta de radiación solar.

MI TEORÍA

Seguramente mi teoría no es original, otros investigadores podrán haber llegado a la misma conclusión, como en casos anteriores, si lo que planteo no es original, no es mi intensión apropiarme de ninguna idea o teoría, solamente no la he encontrado.

Como premisa inicial está que una parada de la corriente del golfo supone un enfriamiento del hemisferio norte, dicha parada se puede producir por culpa del calentamiento global que derrite las costas de Groenlandia y del Ártico, o por los productos vertidos en el Golfo de México.

Por otra parte está que la disminución de las manchas solares supone una menor cantidad de radiación que llegará a la Tierra, este hecho por si sólo puede suponer el inicio de una nueva Era Glaciar.

La parada de la corriente del golfo se puede producir por el enfriamiento sufrido en el Atlántico Norte o por la falta de calor para producir la corriente en el golfo de México, si unimos las dos teorías el resultado es que la velocidad con la que se producirá el enfriamiento de la Tierra se verá acelerada.

Estas teorías por sí solas no suponen ninguna novedad, pero mi teoría va más allá de las causas de una futura era glaciar, sino las repercusiones que esto tiene sobre la sociedad y economía occidental.

Teniendo en cuenta esta teoría unificada y que supone potencialmente que a partir de 2015 pueda comenzar a sentirse los primeros efectos de esta Era o Mini-Era Glaciar, ¿Qué harían los gobiernos de los naciones que más se verán afectadas?.

La hipótesis que planteo es que al menos desde el año 2000, las naciones de Norteamérica y del norte de Europa conocen este destino y han trazado un plan, que no han hecho público y que beneficia a unos y perjudica a muchos, y que por tanto debe denominarse conspiración.

La solución tradicional a la situación que se avecina era una guerra y la correspondiente invasión de los territorios más favorables, pero actualmente los países del norte y los países del sur están aliados y sería poco explicable una guerra entre aliados y no con países hostiles.

Por tanto que solución les queda a los países del Norte:

En primer lugar había que fijar un objetivo: conseguir los territorios del sur, especialmente los países costeros del mar mediterráneo.

Para conseguir el acceso al territorio del Sur se plantearon los siguientes pasos:

- Primero hay que conseguir que todos los países comiencen una etapa de crecimiento mediante préstamos baratos y ayudas para crear infraestructuras. Se les permitió la adhesión a la Unión Europea.

- Segundo se les elimina la capacidad para poder gestionar su propia economía. Se les adhiere al Euro, eliminando las competencias de sus bancos centrales.

- Tercero, los países comenzarán a construir viviendas por todo el territorio y los ciudadanos de esos países se endeudarán para conseguir esas viviendas, lo que supone a su vez más beneficios para los países prestamistas.

- Cuarto, se desata una crisis bancaria y de confianza sobre las economías de los países del sur, de forma que cada país deberá pagar cada vez más intereses.

- Quinto, se cambiarán gobiernos y políticas económicas para reducir gastos y aumentar ingresos. Esto supondrá un agravamiento de la crisis y por tanto un aumento del paro.

- Sexto, el aumento del paro supone inmediatamente un aumento de los impagos de hipotecas y un aumento de las ejecuciones bancarias.

- Séptimo, pasados 2 años el número de inmuebles en mano de la banca será del orden de millones y la valoración de dichos inmuebles será de la mitad.

- Octavo, como los acreedores de los bancos de los países del sur son los países del norte, en menos de 5 años, el precio de los inmuebles y del suelo de los países sureños está a precio de saldo. Eso si no son los bancos del norte los propietarios de la cartera de inmuebles.

Si la llegada de la mini era glaciar comienza a partir del año 2015, todos los países del sur de Europa estarán tan presionados por las deudas estatales y personales, que si un ciudadano del norte de Europa quisiera comprar alguna propiedad para poder pasar los periodos de clima insoportable en su país, lo tendría mucho más fácil y barato que 10 años antes. De hecho aparecerían como salvadores de esta inmensa crisis económica en la que estamos inmersos.

Hasta ahora sólo hemos hablado de los países ribereños europeos, pero ¿Qué pasa con los países del norte de África?

Hasta el año 2010, plantear que los europeos pudieran pasar a vivir de forma masiva en países del norte de África como Túnez, Libia o Egipto, podía ser totalmente inviable debido a los regímenes totalitaristas que controlaban dichos países antes de la primavera árabe.

Sin embargo los cambios producidos en todos los países del norte de África y los que están por producirse en Asia Menor, van a permitir que los habitantes del norte de Europa puedan pasar a vivir en todos los países mediterráneos, con tranquilidad plena y a precios muchos más asequibles que antes de la crisis económica y de los cambios en los países árabes.

Estamos entonces ante una invasión silenciosa, lenta y consentida e incluso agradecida. La otra alternativa era la invasión por las armas, pero teniendo en cuenta que el objetivo no es sólo el territorio sino también las viviendas, una guerra hubiera devastado las viviendas, las infraestructuras, la agricultura, etc. Luego, el precio de reconstruirlo hubiera sido enorme.

La guerra tiene un precio, la reconstrucción otro mayor, de esta forma todo el coste y esfuerzo físico y económica ha quedado en manos de los países "invadidos", y al final incluso agradecidos por salvarnos de la temida crisis. Además los sureños somos muy acogedores.

Más relaciones, la guerra de los Balcanes, a las puertas de Europa comenzó en 1989, sin entrar en el origen o porqué la comunidad internacional no intervino a tiempo para evitar los crímenes que allí se cometieron, los resultados eran un buen ejemplo para desestimar que el Norte invadiera el Sur por las armas: el pueblo invadido siempre se resistiría y dejaría el territorio baldío antes que entregarlo.

Por tanto, construcción frente a destrucción. Como conseguirlo no con armas sino con deuda. Engañar a los pobres haciéndoles creer que son nuevos ricos, y luego hacerles caer en la realidad, teniendo que desprenderse de un falso "El Dorado" y viendo como "el ángel salvador", al europeo del Norte viene a salvarlo.

La crisis económica en la que están sumidos los países del arco mediterráneo, incluso Malta y Chipre están dentro de esta espiral de deuda pública o privada imposible de mantener, a fecha de Agosto de 2012 se conocen las causas (las oficiales, no las conspiratorias), pero continúa una lucha entre los intereses de los países ricos del norte y la desesperación de los países pobres del sur.

Los "mercados" fijan los precios de la deuda pública, esos mercados financieros están controlados por grandes fondos de inversión privados o fondos de inversión soberanos (es decir, del que disponen los países con balanza de pagos positiva como Noruega), que en definitiva especulan para maximizar sus ganancias sin que les importe el día a día de un desempleado español o griego.

Del mismo modo los bancos que más préstamos han realizado a los países sureños son los Alemanes, Holandeses, Franceses, Americanos, etc. que no les interesa perder su inversión y que como prestamistas que son, al igual que Otelo se cobraría la deuda en carne, mejor dicho en este caso en inmuebles.

Repasemos geográficas socio-económica: Noruega, Suecia, Finlandia, Dinamarca, Alemania, Holanda, ... son países ricos del norte o centro de Europa, con capacidad de gestionar sus recursos en la actualidad, ¿pero qué ocurriría si el invierno en lugar de durar unos meses durara todo el año?. Por un lado el gasto energético se dispararía, pero por otro lado la población se deprimiría (es en la actualidad y el índice de suicidios es altísimo) y necesitaría otro lugar donde poder pasar largas temporadas.

Si yo tuviera la posibilidad, no lo dudaría, maquinaría para alterar el precio de las cosas (así se llama el delito), y conseguir que mi población pueda disfrutar de mejor clima a precio aceptable.

Se podría pensar, ¿pero si pueden venir a Mallorca o a Benidorm muy barato?, sí ahora, pero cuando la demanda sea altísima no se lo podrían permitir, salvo que previamente me haya hecho el propietario.

Mi teoría no puede acabar sin hacer una referencia a los cambios que están sufriendo Qatar y Panamá,

¿Para qué quieren construir una "Nueva Suiza" en Oriente Medio y otra en Centroamérica?

La respuesta es muy fácil, a los ricos les gusta vivir bien y tanto a los europeos como a los estadounidenses, no les va gustar el tener que ir a reuniones de negocios en una Suiza convertida en un enorme glaciar o en un Nueva York congelado. Para ello y con tiempo se están preparando su nueva localización.

Todo está relacionado con el dinero y si los que manejan el dinero son conscientes de que tienen que mantener su supervivencia, el resto de la población podrá verse afectada por el frio, las enfermedades, el hambre, pero el Sistema debe continuar.

LOS ANTECEDENTES

Para llegar a la necesidad de montar una conspiración, primero se tiene que tener una evidencia de que va a suceder y lo más importante, cuando.

Que estamos cerca del inicio de una glaciación, o al menos de un enfriamiento significativo de la Tierra parece evidente, que afectará especialmente a los países del hemisferio norte, también.

Para que mi teoría sobre la existencia de una conspiración internacional que se comenzó a gestar a principio del año 2000, y cuyo objetivo era estar preparados (sólo algunos claro) para el año 2015, deberían existir evidencias de cómo calcular con más exactitud ese comienzo de glaciación.

Esto no asegura que permanezca mucho tiempo en la red, pero como ya comenté anteriormente los artículos de otros autores los incorporo como documentación y apoyo a mis propias teorías.

En el siguiente artículo se pone de manifiesto que el clima es cambiante, que el sol es la principal fuente de energía para la tierra y que los ciclos climáticos no son provocados por el hombre.

[2] Desde que la Tierra se formó hace unos 4500 millones de años, el clima no hizo otra cosa que cambiar. Si bien la climatología es una ciencia que todavía está en pañales, y es infinitamente más lo que los científicos ignoran que lo que saben a ciencia cierta, lo poco que se conoce permite hacer algunas conjeturas sobre lo que se puede esperar para el futuro.

Lo que sabemos es producto de observaciones hechas por muchas disciplinas que ayudan con sus investigaciones a la climatología.

Dos de esas disciplinas aportaron la mayor parte de la información que disponemos: la geología y la astronomía. Son los geólogos los que pacientemente fueron estableciendo la edad de los diferentes estratos que forman la corteza terrestre, y dividieron a la historia en eones, épocas, eras, períodos y edades. Todos hemos escuchado palabras como era "paleozoica" y sus 5 períodos como el famoso carbonífero, cuando se formaron las grandes selvas, o el mesozoico, con su período Jurásico donde abundaban los dinosaurios.

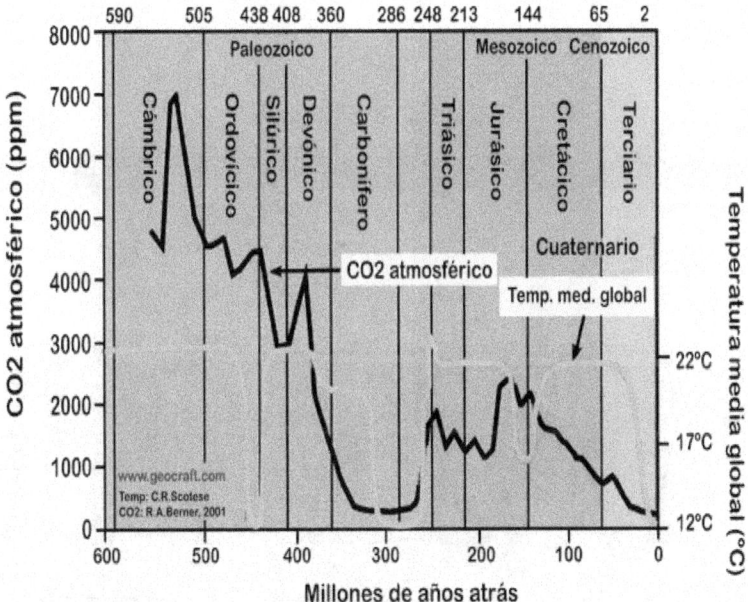

Como se puede observar en al gráfico, durante la historia de la Tierra las concentraciones de CO_2 atmosférico nunca reflejaron una influencia sobre las temperaturas que los proxys nos manifiestan. La temperatura andaba por un lado y el CO_2 por el otro, por más que este gas tenga una pequeña capacidad de absorber e irradiar energía. Esa capacidad también la tienen muchos elementos de la tabla periódica, que forman parte de la superficie del planeta.

También se comprobó que desde hace 2 millones de años ocurrieron no menos de 60 avances y retrocesos de los hielos, con los correspondientes períodos cálidos intermedios llamados "interglaciales". La primera glaciación ocurrió durante el Precámbrico, hace más de 570 millones de años. Los períodos de glaciaciones más recientes ocurrieron durante el Pleistoceno, distribuidos entre 2,6 millones y 11,700 años atrás.

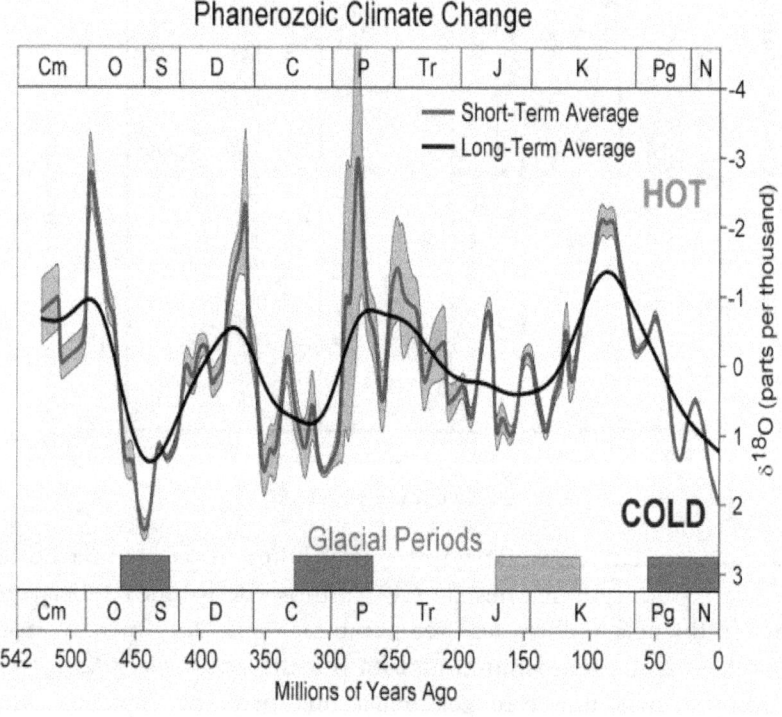

Hoy estamos viviendo en el último interglacial al que denominamos Holoceno. Eso quiere decir que una nueva edad glacial está esperando su turno para aparecer. En realidad, este interglacial cálido comenzó hace unos 11.700 años, aunque ha sido menos cálido que los anteriores. Es que la tendencia del clima a lo largo de la historia geológica muestra un avance hacia el enfriamiento completo, el día en que la Tierra se convierta en una verdadera "bola de nieve", cubierta de un hielo que no se volverá a derretir.

Lo malo es que las glaciaciones duran cientos de miles o millones de años y los inter-glaciales son muy cortos en comparación: alrededor de 12 a 15 mil años.

Pero no son los cambios de interglaciales a glaciaciones lo que nos debe preocupar dado que nuestra escala de tiempo humano se cuenta en menos de centurias. ¿Se enfriará la tierra dentro de 500 años, o 100 años? Como dijo Luis XIV, el Rey Sol, "Después de mí el Diluvio," a nadie le preocupa lo que sucederá dentro de 500 años. Quienes hacen la apelación al futuro de las generaciones venideras en realidad están más preocupados por sus apetencias personales de hoy, que conseguirán más fácilmente sacudiendo nuestras emociones. El famoso periodista norte-americano Mencken, allá por la década de 1920, nos advertía de algo que está sucediendo ahora: "La urgencia por salvar al mundo es la falsa fachada del ansia de gobernarlo."

Lo que suceda a fines de este siglo apenas les preocupará a nuestro bisnietos. Y no está dentro de nuestras posibilidades el querer controlar una magnitud geológica descomunal como el clima. Creer que actualmente podemos modificar el clima de todo el planeta es una muestra de arrogancia que no es exclusiva de nuestra época. Hacia el siglo 3 ya le pedían los vasallos al Rey Canuto que detuviera las mareas.

Lo que debe preocupar a los políticos son los cambios climáticos de corto plazo que se suceden dentro de cortos períodos menores que 100 años. Por ejemplo, en el Siglo 20 hemos presenciado cuatro cambios de clima, siempre con la consiguiente alarma de los científicos y la prensa con histéricas advertencias de inminentes edades glaciales, y también inminentes catástrofes por un calentamiento que haría desaparecer los hielos del Ártico, derretiría los hielos de Groenlandia y la Antártida, y haría crecer el nivel del mar entre 20 y 60 metros.

La verdad es que ni los enfriamientos ni los calentamientos fueron catastróficos, y la humanidad, con muchos menos recursos tecnológicos que hoy, ha sobrevivido de manera impecable. El nivel del mar apenas si ha venido creciendo desde hace 100 años a menos de 2 milímetros anuales, algunas veces hasta 3, y otras veces como ahora, el ascenso parece haber comenzado a frenarse, y hasta invertirse.

El gran problema con los políticos es que tienen la mala costumbre de creer que los científicos pueden darles las respuestas que ellos necesitan sobre muchos asuntos que ignoran, y peor todavía, ¡los científicos creen que pueden dárselas! En algunos campos de la actividad humana es más o menos posible que los científicos puedan sugerir algunas respuestas puntuales y limitadas, pero cuando se trata de un sistema esencialmente caótico e imprevisible como el clima, las respuestas generalmente no merecen ninguna confianza.

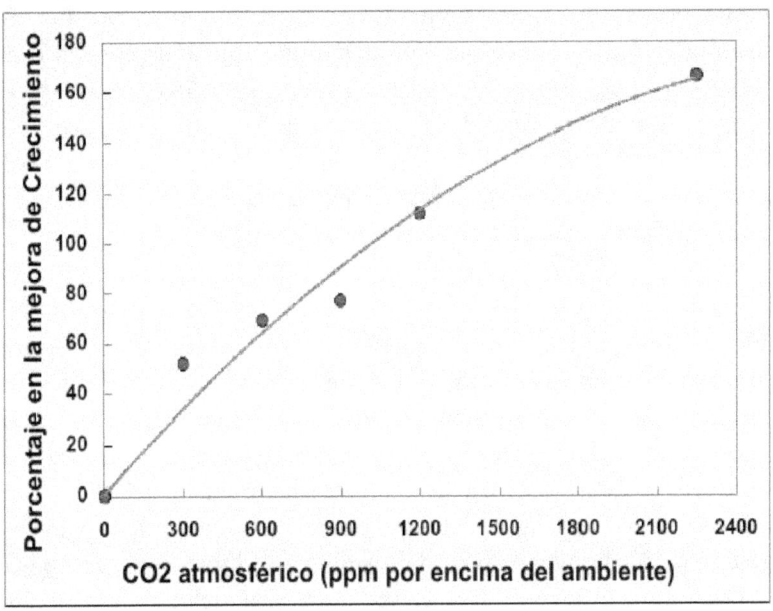

Aumento de la biomasa de las plantas según aumento del CO2

Gracias al aumento del CO2 en la atmósfera, las variedades vegetales al aire libre han aumentado su producción de biomasa y, lógicamente, el rendimiento de las cosechas aumentó de manera proporcional. Las plantas del tipo C4, que incluyen las hortalizas, los granos, las frutas, han sufrido un aumento de su producción de biomasa que varía entre un 30 y un 45%. Si a esto se le añaden las nuevas tecnologías mecánicas, el control satelital de la siembra y cosecha, y las variedades de granos modificados genéticamente, el aumento del tonelaje de las cosechas es formidable y prácticamente ha aventado al fantasma de las hambrunas generalizadas.

Casi todo esto se reduciría en caso de un enfriamiento severo, similar al de la Pequeña Edad de Hielo ocurrida entre el 1400 y el 1850. Aumentaría la frecuencia de sequías y las estaciones excesivamente lluviosas serán menos fre-cuentes, porque la historia geológica de muchas regiones indica que a las épocas frías se corresponden épocas de fuertes fríos, como lo demostrara el geólogo argentino Miguel A. González, ex Investigador del CONICET y Miembro de la Academia de Ciencias de New York que realizó un estudio de 25 años en la región desértica de las Salinas del Bebedero, en la provincia de San Luis.

Los trabajos de González y sus colegas han sido reconocidos como de importancia mundial debido a sus hallazgos, uno de los cuales fue la comprobación, por primera vez, que los fósiles de foraminíferos se podían encontrar también en ambientes alejados de los mares. De acuerdo a su investigación paleoclimática, cuando el planeta se enfrió, el lago de las Salinas del Bebedero tuvo entrada de agua dulce desde el río Desaguadero; paralelamente el enfriamiento del planeta condujo a que gran parte de Sudamérica al este de los Andes, tuviese los climas más áridos de toda su historia geológica.

La fecha de inicio de la glaciación

Más adelante contaré dónde y cuándo se fraguó la conspiración, pero primero había que tener la mayor certeza posible de cuándo comenzará a enfriarse la Tierra.

¿Habrá algún estudio que arroje luz sobre esa incógnita?, pues sí el finlandés Timo Niroma utilizó los estudios sobre el movimiento del baricentro alrededor del Sol para describir el número de manchas solares. Lo hizo para el pasado, pero también lo proyectó para el futuro.

Como ya he comentado anteriormente menos manchas solares supone enfriamiento terrestre, según los cálculos de Niroma 2003 suponía un máximo en el número de manchas solares, lo fue también en temperaturas y la existencia del fenómeno del "Niño", pero a partir de ahí el número de manchas solares ha disminuido, el calentamiento global ha compensado esa bajada de radiaciones recibidas, su proyección hacia el futuro muestra como 2015 será el año con menos radiación emitida en los últimos 75 años, pero a partir de ahí cada año será más frio que el anterior hasta llegar al 2031 cuando se producirá el próximo mínimo.

La acción del hombre con su emisión de gases de efecto invernadero, tal vez ha retrasado un poco el proceso, pero según los expertos, a partir de ahora lo está acelerando.

[7]

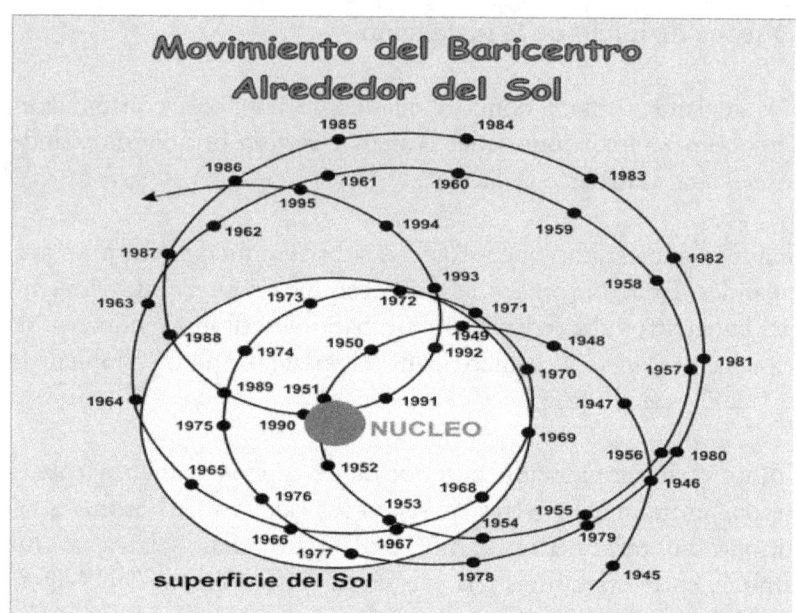

Figura 1.: El Sol y el movimiento del baricentro a su alrededor

Este punto de equilibrio puede estar algunas veces dentro del núcleo del sol, pero la mayor parte del tiempo se ubica fuera del mismo, hasta una distancia de unos 1,3 millones de kilómetros. Han determinado los astrónomos la manera en que el baricentro evoluciona alrededor del, sol describiendo curvas circulares semi concéntricas, que toman formas algo caóticas o irregulares, y otras veces adoptan la forma de tréboles bastante uniformes con dibujos armoniosos y hasta simétricos. Observando estos gráficos de curvas del sol alrededor del baricentro, y comparando con lo sucedido en tiempos históricos y geológicos, los astrónomos y astrofísicos llegaron a la conclusión de que existe una correlación tan estrecha entre ellos que hasta es posible calcular cómo cambiará el clima de acuerdo a la posición que tiene el baricentro en el sistema solar. Las formas de las curvas del baricentro tienen este aspecto:

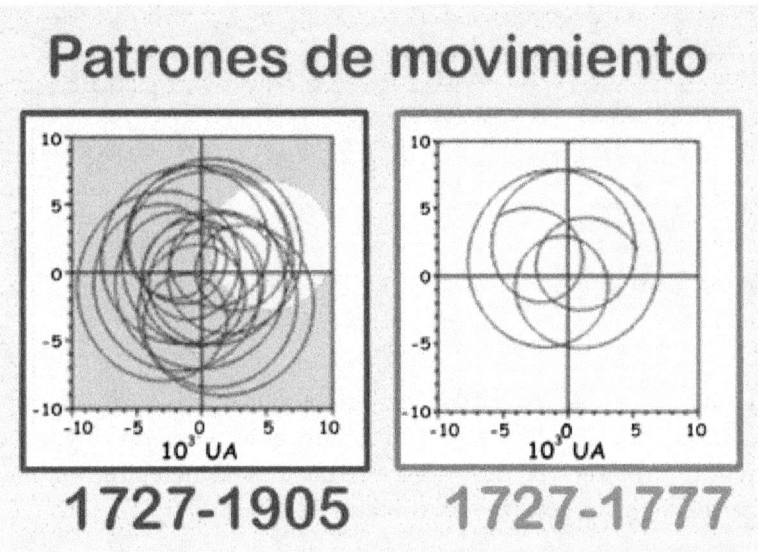

Fig. 2.: El movimiento del baricentro en dos diferentes períodos

La comparación entre la forma de las curvas que forma el baricentro y los hechos históricos relacionados con el clima, evidenció que durante los episodios en los cuales el baricentro transitó a lo largo de órbitas ordenadas (o en forma de 'trébol') alrededor del sol, su emisión energética fue máxima y el clima terrestre tendió hacia el calentamiento. Asimismo esas comparaciones pusieron en evidencia que durante los episodios durante los cuales el baricentro se movió de modo caótico alrededor del sol, la emisión energética del sol fue mínima y estos últimos episodios coincidieron con las mínimas temperaturas conocidas en el planeta para el último milenio como lo demostró la astrónoma Checa Ivanka Charvatova (1995).

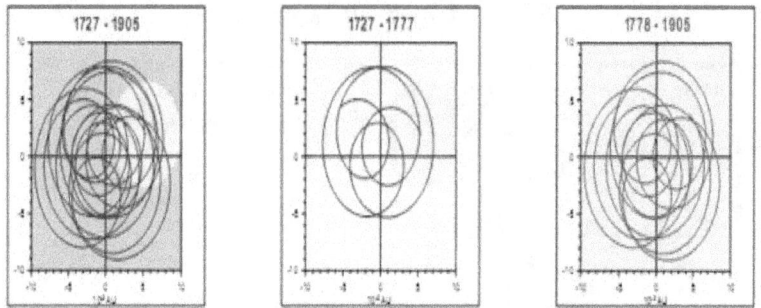

Figura 3: A la izquierda, el movimiento irregular, caótico, registrado entre 1727 y 1905. Al centro el movimiento regular en "trébol" armónico y de gran simetría, y a la derecha el patrón entre caótico y regular registrado entre 1778 y 1905.

Figura 4: Patrones observados en diferentes épocas desde 1192 hasta 1955

El sol regresa a su forma ordenada de trébol después de 178.7 años y este tipo de movimiento dura unos 50 años. Las partes más desordenadas del movimiento del baricentro corresponden a los prolongados mínimos de la actividad solar, durante el último milenio, conocidos como los Mínimos Wolf, Spörer, Maunder y Dalton.

En definitiva, los astrofísicos, astrónomos, los geólogos, y muchos climatólogos se preguntaron: ¿Qué podría estar ocurriendo con el clima global? Cualquier intento en pos de comprender como se calienta una casa sin prestar atención al rol que juegan las estufas que existan en ella, puede convertirse en una tarea infructuosa, cuando no, en tarea de resultados equívocos.

Pese a ello numerosos científicos preocupados por el clima de la Tierra descartaron el efecto del sol sobre el mismo, pese a ser prácticamente la única 'estufa' de la superficie del planeta. Porque recordemos que el sol entrega más del 99 % de la energía utilizada en todos los procesos que ocurren en la porción exterior de la Tierra, incluyendo en ello a gran parte de la corteza terrestre sólida. La energía solar inclusive moviliza muchos procesos geológicos desarrollados hasta una profundidad importante dentro de la corteza terrestre, vinculados a procesos bio-geo-químicos superficiales y sub superficiales.

En primer lugar y en contra de lo hasta ahora supuesto respecto a que las variaciones en la emisión energética del sol no alcanzarían para modular el clima terrestre, Hansen y Lacis (1990) demostraron que a un 0,1% de variación en la emisión de radiación solar, el clima terrestre responde con una variación media del orden de 0.2° C. Por lo tanto y aquí viene lo interesante, una disminución de la emisión energética solar oscilante entre 0.2% y 0.5%, sería más que suficiente como para producir un enfriamiento planetario similar al ocurrido durante los siglos pasados: la ya mencionada Pequeña Edad de Hielo. Esto fue reafirmado por otros científicos como Foukal, 1990; Reid, 1991 y Landscheidt, 1995.

La complejidad de los mecanismos involucrados, escapa a las posibilidades de explicarlas aquí y ahora. De todas esas investigaciones es importante rescatar un elemento fundamental: el movimiento inercial del sol y de todo el sistema solar es tan preciso, que puede ser modelado matemáticamente a lo largo de miles de años, tanto hacia el pasado como hacia el futuro. Ello permitió comparar el movimiento solar del pasado con datos precisos provenientes de:

Actividad solar (los llamados números de Wolf, en relación directa con la emisión energética solar, y bien medidos desde 1700 hasta el presente).

Mediciones precisas de auroras polares y actividad magnética terrestre, ambas en relación directa con la actividad solar.

Datos precisos de actividad volcánica, en estrecha relación con la influencia gravitatoria de los planetas 'gigantes'.

Largas series de registros climáticos instrumentales obtenidas para el Hemisferio Norte.

'Proxy records', o registros climáticos indirectos tales como el estudio de anillos de crecimiento anual de árboles, las capas anuales de deposición de hielo en Groenlandia y Antártida, y todos los registros geológicos que se han venido estudiando, por ejemplo, en las Salinas del Bebedero.

Por ejemplo, del análisis y comparación de los números Wolf de los ciclos solares y los eventos climáticos de la historia, el astrónomo Finlandés Timo Niroma hizo el siguiente gráfico donde la curva inferior, de color verde, representa la actividad solar desde el año 1600 hasta el año 1820. Niroma descubrió que el patrón de variación de los ciclos solares vuelve a repetirse a partir de 1820 hasta nuestros días.

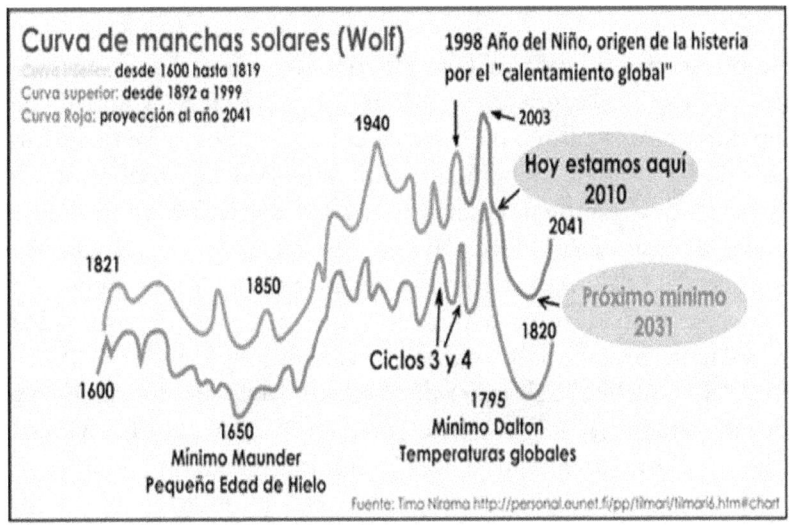

Se ve en la curva verde al gran Mínimo Solar Maunder, época en que no se vieron manchas en el Sol durante 70 años. No se ha vuelto a repetir algo tan profundo. Luego vemos que los ciclos solares 3 y 4, previos al Ciclo 5 (o Mínimo Dalton) ocurrido entre 1795 y 1820, condujeron a un notable enfriamiento de la Tierra que duró hasta más allá del 1830, casi 1850. Cuando Niroma superpuso ambas curvas notó la notable similitud y pensó que no era nada aventurado pensar que este patrón seguiría cumpliéndose.

Por ello Timo Niroma se atrevió a proyectar el patrón hacia el futuro y comprueba que desde poco después del 2000 se había comenzado a producir un enfriamiento del planeta que se profundizará hacia el 2030, coincidiendo con las predicciones de otros astrónomos, como el americano Rhodes Fairbridge, y el alemán Theodore Landscheidt, asegurando que en esa época se producirá un doble Mínimo Solar al que denominaban Gleissberg, pero que se quiere rebautizar ahora como Landscheidt en su honor.

Este pronosticado ciclo de 65 a 70 años de enfriamiento coincide con los ciclos observados por la Organización Mundial de Alimentos y Agricultura, en la pesca comercial, donde se observan ciclos de 65 años de crecimiento de la abundancia y reducción de la pesca –que también coincide con las oscilaciones oceánicas como la Oscilación Decadal del Pacífico, y la Oscilación Multidecadal del Atlántico. Nada es casual, todo tiene un encadenamiento de causas y efectos que han sido determinados con bastante precisión. También los astrónomos L.B. Klyashtorin y A.A. Lyubushin, del Instituto Federal Ruso de Pesquerías y Oceanografía, en su reciente estudio "Cambios Climáticos Cíclicos y Productividad de Peces", identifican claramente un ciclo de 60 años (55-75 años) que atribuyen sin duda alguna a las variaciones de la actividad solar.

¿Son algo nuevo estos estudios? Para nada. Ya en 1914 el gran oceanógrafo y geólogo Sueco, Otto Petterson, publicó un estudio que abrió un extenso debate entre sus pares por su teoría de las "Variaciones Climáticas en tiempos históricos y prehistóricos," (Svenska Hydrogr. Biol. Komm., Skriften, No. 5, 26 p.), donde habla de "la fuerza generadora de mareas" de la acción combinada del Sol y la Luna y su influencia sobre la abundancia de arenques y otras especies en el Báltico y el Atlántico Norte. En un fascinante trabajo de revisión histórica, revisando una inmensa cantidad de documentos históricos, que comienzan con las Sagas Vikingas y terminan con las mediciones de salinidad y temperatura del agua del Báltico en 1913, expone una abrumadora correlación entre el clima de Escandinavia, el fracaso de cosechas y las hambrunas, el asentamiento de poblaciones en Islandia y Groelandia y su posterior abandono por el avance de los hielos, el congelamiento completo del Mar Báltico, etc., y las fases lunares y la actividad solar.

Todas estas investigaciones, laboriosamente documentadas y profundamente comprobadas, apuntan al principal culpable de los cambios climáticos que experimentó la Tierra en su historia y su socia: el Sol y la Luna.

Luego, estas correlaciones entre ciclos naturales de los océanos, los ciclos solares, la cantidad de manchas, y la variación de la actividad magnética del sol, se correlacionan muy sólidamente con lo mencionado antes: la posición del baricentro del sistema solar, que parece ser la llave que abre el cofre del misterio de las variaciones del sol y del clima de la Tierra.

La Actividad Volcánica

Viene ahora la correlación entre los períodos de variación del baricentro y la actividad volcánica. Cuando el sol realiza los tréboles ordenados se ha observado una baja actividad volcánica. Cuando el sol está en una trayectoria caótica alrededor del baricentro, la actividad volcánica es mayor –tal como ocurre en estos momentos con erupciones importantes de varios volcanes como el Chaitén en Chile, el Tungurahua de Ecuador, volcanes en Guatemala, el volcán de Islandia, cuyo nombre nadie puede pronunciar, el reciente volcán Merapi de Malasia, la creciente actividad de volcanes en Alaska, el Kilahuea de Hawaii, etc.

En la figura se puede ver que cuando el baricentro tuvo una forma de trébol armónico, la actividad volcánica entre 1900 y 1960 fue mínima. El índice del velo de polvo volcánico lo demuestra. El triángulo rojo es el punto medio de la duración del período de trébol armónico del baricentro.

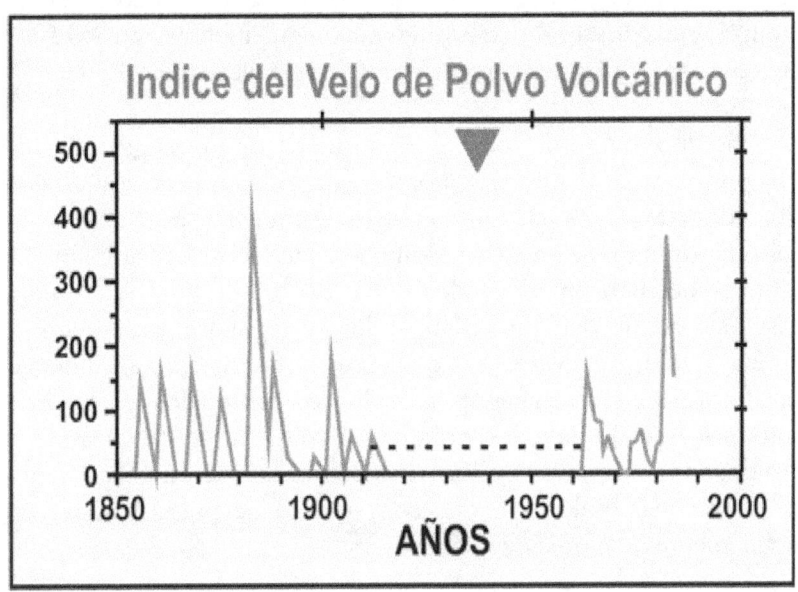

Y finalmente L. Elleder compiló y ordenó en 2005 las 20 inundaciones catastróficas ocurridas en Praga en los últimos 1.000 años, y todas se correlacionan perfectamente con el ciclo de 179 años del movimiento del baricentro. Tantas correlaciones entre fenómenos observados y el movimiento del baricentro no pueden atribuirse a una mera casualidad. Las probabilidades en contra de que sean obra de la casualidad son astronómicas. Dice un viejo adagio: "Una vez, es el azar; dos veces es casualidad; la tercera vez es confirmación."

Como anécdota ilustrativa, es interesante recordar que Napoleón invadió Rusia en plena culminación de la Pequeña Edad de Hielo. En 1812, cuando sus tropas debieron retirarse de Moscú, entre otras cosas a causa del frío, el sol estaba transitando por un episodio de órbitas caóticas (mínimo Dalton) y justo ese año pasó exactamente por el centro de masas del sistema planetario. Precisamente por eso en ese momento ocurrió el episodio de menor emisión de energía solar de toda la Pequeña Edad de Hielo y quizá ese y los dos o tres inviernos siguientes, hayan sido los inviernos más fríos de la segunda mitad del milenio.

Lo más importante de todo esto es que de las investigaciones de Charvatova y los demás astrónomos, surgió la información de que alrededor de 1.990 el sol comenzó a transitar por un nuevo episodio durante el cual predominará su recorrido por órbitas caóticas del baricentro alrededor del Sol. Esta situación durará hasta alrededor del año 2040, y luego regresará lentamente a órbitas más regulares. Volveremos a tener un nuevo calentamiento. De acuerdo a todo lo expresado, es posible entonces que durante las próximas décadas el sol experimente prolongados episodios de baja emisión energética y un aumento de la actividad volcánica, que con su velo de polvo causará un enfriamiento adicional de la atmósfera.

Ello podría generar un apreciable enfriamiento en el clima del planeta, en contra de lo postulado por los defensores de la hipótesis según la cual el clima del planeta se está calentando gracias al 'efecto de invernadero' motivado por las actividades humanas. Como les dije antes, tal posible enfriamiento ya había sido pronosticado en 1990 por Rhodes Fairbridge, y en 1995 también por Theodore Landscheidt, en ambos casos basados en la variación futura de la actividad solar.

Los argumentos que presentan los sostenedores de la hipótesis de un enfriamiento causado por la anómala actividad del sol, que fue pronosticada hace décadas con una precisión notable, merecen que sea considerada seriamente por quienes tienen nuestro destino en sus manos. Si aplicasen el Principio de Precaución como lo vinieron haciendo hasta ahora –pero que se hizo para apoyar los anuncios del peligro de un calentamiento que no se ha producido– deberían aplicarlo con mucha mayor razón ante la posibilidad de que el peligro que presentan los científicos solares sea en verdad mucho mayor –y no se necesita, como dicen ellos, que ante un peligro semejante sea necesaria una comprobación perfecta de los argumentos presentados.

Repitiendo los argumentos del Panel Intergubernamental del Cambio Climático, "Hay que tomar acción ahora, ya! No hay tiempo que perder! Porque si la manera que se presentaron los tres últimos veranos y los tres últimos inviernos que han padecido en el hemisferio norte son un botón de muestra, el frío que se viene será mejor que nos sorprenda comulgados."

Hoy nos enfrentamos a dos hipótesis de trabajo: La primera y más popular, por todos conocida, es que el planeta se calentará de manera catastrófica por culpa de las actividades humanas y la emisión de dióxido de carbono; un desenfrenado consumismo, y un uso excesivo de los combustibles fósiles.

La segunda hipótesis y más reciente, es que los cambios de clima tienen causas primariamente naturales, y que las actividades humanas alteran los climas a escala regional, principalmente a través de la agricultura, de la deforestación de las grandes selvas y bosques, y de la construcción de grandes represas y embalses hidroeléctricos, que permiten producir energía para las industrias y ciudades del país, sino también la extensa irrigación que convierte tierras yermas en campos fértiles para la producción de alimentos.

No voy a discutir la validez o la falta de mérito en ninguna de las hipótesis, sino que voy a intentar describir qué pasaría con la hipótesis del enfriamiento del planeta si las tendencias siguen su curso. De la hipótesis del calentamiento ya hemos escuchado hablar demasiado, casi diría que es un tema que se ha constituido en una neurosis neógena extendida sobre todo en las naciones más adelantadas.

Las neurosis son aprovechadas por los grupos que son los verdaderos dueños del mundo para seguir manteniendo su poder sobre el resto de la humanidad. Y si no hay una buena razón para la existencia de una neurosis, entonces inventan una que se adecúa a sus planes. Recordemos que el periodista Mencken, dijo allá por la década del 20, "La misión de la política es mantener a la población alarmada, y por ello clamorosa para ser conducida a la seguridad, amenazándola mediante una interminable serie de espectros y fantasmas, todos ellos imaginarios." Alguna semejanza con el presente no se debe a la casualidad.

Pues bien, ¿qué pasaría en América Latina en caso de un enfriamiento del planeta? Durante la conocida Pequeña Edad de Hielo que se inició hacia el año 1300 y se extendió hasta 1850, con breves intervalo de calor, el clima de Sudamérica era mucho más frío que ahora. He leído crónicas de los conquistadores que fundaron en 1591 a Santa Cruz de la Sierra, en Bolivia, hablando de una región fértil y de clima moderado en el verano, pero con inviernos tan rigurosos que los grandes árboles se partían al medio durante las heladas. Déjenme decirles esto otra vez: heladas en pleno trópico, ya que Santa Cruz está a latitud 12°S, que congelaba la savia de los árboles y producía el estallido de sus troncos. Preguntarán ¿Por qué no se congelan así los árboles de Finlandia, Alaska, o de Rusia? Porque los árboles de esas regiones, entre ellos las coníferas, contienen savia o resina que impide que eso suceda, pero los árboles de los trópicos no han desarrollado esa defensa contra el clima.

Los principales problemas que causaría un enfriamiento en Latinoamérica se encuadran en dos aspectos principales: la producción de alimentos y la necesaria provisión de energía para hacer habitables a los edificios, sean escuelas, hospitales o simplemente los hogares. El tercer aspecto que hay que considerar es el de la salud de la población: El frío causa la muerte de mucha más gente que el calor. De hecho, durante y después del inverno muere 7 veces más gente que durante o después del verano. Hay demasiados estudios médicos y estadísticas de los ministerios de salud del mundo al respecto, que no permite una discusión al respecto. Por ejemplo, en San Pablo, Brasil, una semana donde la temperatura desciende un grado por debajo de 20°C, se produce mayor mortalidad por complicaciones pulmonares que durante las olas de calor donde la temperatura sube un grado por encima de los 32°C.

El Dióxido de Carbono Atmosférico y un futuro probable

En las últimas décadas se ha observado un aumento notable del dióxido de carbono, el CO_2 culpado de calentar a la Tierra. Pero, lejos de ser un contaminante, el CO_2 es nada menos que el alimento de las plantas. Más alimento a cualquier ser viviente, sea animal, ave, pez o planta, se traduce en un aumento de la producción de biomasa. Los humanos se vuelven obesos, el ganado engorda, produce más carne y vale más. Las plantas crecen más rápido y se desarrollan más. Eso lo observaron nuestros horticultores hace cientos de años y así nacieron los invernaderos, donde los niveles de CO_2 rondan las 1000 a 1200 partes por millón, unas cuatro veces más que en el aire a nuestro alrededor.

Un clima frío produce mayor sequía que uno cálido, algo que no debería causar sorpresa a nadie, porque las precipitaciones se darán en forma de nieve y no agua de lluvia. Pero los efectos serían diferentes de acuerdo a las regiones que se estudien. Por ejemplo, en la costa oeste de Sudamérica el enfriamiento del Pacífico provocará una menor evaporación y una reducción de las precipitaciones en la Cordillera de los Andes, y los glaciares retendrían como hielo el agua que antes entregaban como aporte a los ríos. Gracias a las grandes nevadas y al frío volvería a crecer el glaciar Chacaltaya al oeste de la ciudad de La Paz.

En Argentina, por su lado, este fenómeno se expresaría de la siguiente manera: se reforzaría el sistema de vientos del oeste y sudoeste; el viento Pampero se hace más intenso, más frecuentes y más persistente. Este viento seca a la pampa. Se dificulta la llegada a la pampa de las masas de aire cálido y húmedo que, desde el Amazonas y el Atlántico ecuatorial traen los vientos del norte y noreste. El clima desértico avanza desde el sudoeste sobre el clima de estepa y sobre la provincia de Buenos Aires, desplazando al subtropical húmedo hacia la Mesopotamia. Las nevadas en la cordillera sur son más abundantes y los ríos que nacen en ellas se harán más caudalosos durante los deshielos de primavera, formando lagunas y alimentando abundantemente a los sistemas Desaguadero, Curacó, y Colorado. Este panorama no es nuevo y ha sucedido en otras eras y períodos pasados como lo demostró el Dr. González.

La frontera de las áreas para siembra se correría hasta unos 300 o 400 kilómetros hacia el ecuador; el calor favorece a las plantas y el frío reduce y hace más lenta su producción de biomasa —de allí que la vegetación realmente espesa y abundante está en los trópicos y no en las regiones boreales; la estación de crecimiento se acortaría impidiendo en algunas regiones las dos y hasta tres cosechas de granos por año; la disminución de abastecimiento de alimentos, más el aumento del precio por un menor rendimiento por hectárea y una disminución en la relación combustible y energía invertida en la siembra y cosecha, provocarían una escasez que sería cada vez más seria debido al aumento de la población: más bocas para alimentar y una disminución de la oferta de bienes de consumo.

No sólo se afectaría la agricultura sino que las actividades productivas sufrirían un efecto dominó: la primera ficha de la hilera será el precio de la energía que aumentará por el incremento de la demanda para consumo no productivo como calefacción.

La segunda ficha es que esto causará un aumento en los costos de producción y una retracción en la demanda; la próxima ficha es la disminución de las ventas y el cierre de fuentes de producción –y de trabajo- y un creciente desempleo. Una vez abierta la Caja de Pandora se podrá ver una legión de demonios saliendo de ella.

La ficha que sigue es el crecimiento del descontento en la población y la agitación social, algo que somos muy proclives en Latinoamérica. Si los políticos no quieren verse envueltos en tremendos problemas deberían invertir los escasos recursos que disponen para sus países, deberían tomar las previsiones necesarias para enfrentar a un período de clima muy frío que tendría una duración de alrededor de 50 a 70 años. Asegurar la inversión en producción de energía barata para evitar la caída de las fichas del dominó que les llevarán al colapso de sus economías, a las revueltas populares, enfrentamientos armados, represión, y eventualmente a la disgregación de la nación. Desgraciadamente la emisión de mayores cantidades de CO_2 al ambiente no ayudará a calentar al planeta, y no ayudará a paliar las crisis que surgirán en todos los países del mundo, especialmente por el estado de indefensión ante los países industrializados en que nos encontramos la mayor parte de los Latinoamericanos.

Los países en la franja tropical se verán menos afectados por el frío, y Brasil, como primera potencia industrial y económica de Sudamérica entrará al juego con una enorme ventaja: su clima no cambiará mucho, y estará en una posición de competitividad en los mercados mundiales como casi ningún otro país. Sólo la India, parcialmente, estaría en sus regiones cálidas en posición de sobrellevar esos 70 años de crisis económica mejor que los países que se verán afectados por el enfriamiento global.

Es el Sol

Hemos llegado ahora al punto en que tengo que explicar por qué creemos que habrá un enfriamiento global. Las ciencias que apoyan la hipótesis son la astronomía, la geología, y la oceanografía. Hay una ley no promulgada por parlamentos que se conoce como la Ley de Repetición de los Efectos Observados. La observación de fenómenos recurrentes a lo largo de la historia llevó a la comprobación de diversos ciclos de distinta duración y amplitud. Todos hemos oído hablar de los Ciclos de Milankovitch, y los efectos que tienen sobre el clima la inclinación del eje terrestre, la precesión de los equinoccios, el diámetro y forma de la órbita alrededor del sol, etc. Los astrónomos también han observado y estudiado muy a fondo otros factores que afectan directamente al clima, casi con exclusión total de otros menos importantes como los gases invernadero. Se trata de lo que conocemos como "baricentro" o centro de equilibrio de las masas del sistema planetario solar, y su posición en el sistema planetario varía con el movimiento de los planetas alrededor del sol.

¿Qué es el baricentro del sistema solar?, preguntarán ustedes. Es el punto en el espacio donde las masas de los planetas están en equilibrio; donde las fuerzas gravitatorias de todos los cuerpos del sistema solar se neutralizan. Como los planetas giran alrededor del sol y van cambiando de posición en el espacio, ese punto también se va desplazando y forma un patrón o dibujo que tiene características que se pueden calcular de manera matemática y muy precisa. La astronomía es una ciencia muy exacta.

El baricentro está ubicado en la región ocupada por el sol. A veces está dentro del núcleo del sol mismo, pero otras veces, como cuando todos los planetas están perfectamente alineados a un lado del sol, sumando linealmente sus fuerzas de gravedad, podría llegar a estar a unos 500.000 kilómetros de la superficie del sol.

Este artículo muestra la evolución de las manchas solares, calculando un valor astronómico que pueda ser calculado para el pasado y el futuro. Los ciclos se repiten y en este caso la medida utilizada que es el posicionamiento del baricentro frente al número de manchas solares es matemáticamente representable.

El pronóstico es claro, la fecha del próximo mínimo de Maunder es el año **2031**, y el comienzo del enfriamiento ya ha comenzado. Que en verano lleguen olas de calor desde África es importante para indicarnos que se está produciendo un cambio climático (7 olas de calor sahariano se han producido en el verano de 2012), pero lo importante es cuánto tiempo dura el invierno y cuál es su temperatura media.

En el invierno de 2010 se heló el mar Báltico dejando cincuenta barcos encallados entre Finlandia y Rusia. El 25 de febrero de 2011 la banquisa del mar Báltico supero los 300.000 km2 y fue la mayor desde 1987. Los veranos hacen que el hielo se derrita, pero es el aumento de frío del invierno lo que da la señal sobre el inicio del mínimo de Maunder.

Si tenemos en cuenta la curva de manchas solares descrita por Timo Niroma, 1987 fue el año con menos manchas solares del siglo XX. La gráfica muestra a 2011 al mismo nivel de emisiones de manchas solares que 1887 y la curva prevista continúa bajando hasta el año 2031.

Entramos en una época de sequías sucesivas, llueve menos o llueve mal. Aumentan los huracanes en el Caribe y los tifones en el Pacífico, pero las lluvias de primavera o de otoño sobre las llanuras americanas, europeas y africanas comienzan a disminuir.

Como se comentaba en el informe anterior con más calor hay más lluvia, con el frío el agua queda retenida en forma de nieve en las montañas y no entra en el ciclo del agua. Sin lluvias empeoran las cosechas. África comienza a padecer hambruna, pero por ahora no relacionan ambos indicios e incluso se invierten: no llueve por que hace calor, el calentamiento global es el culpable.

El próximo invierno nos dará la verdadera medida de cuanto de cerca está la fecha de la próxima glaciación.

LA GESTACION DE LA CONSPIRACIÓN

¿Dónde y cuando supuestamente se comenzó a gestar la conspiración?

En mi opinión tuvo que fraguarse en un lugar donde se puedan reunir los líderes mundiales, donde se discuta la situación de la economía mundial, donde se puedan analizar y realizar informes para presentarlos a la opinión pública. Seguramente también pueden tener reuniones privadas e igualmente realizar informes privados sólo para participantes privilegiados.

Si tenemos estos condicionantes como premisas a la hora de localizar un lugar de reunión con esas características podríamos tener muchos candidatos: Bilderberg (el club secreto de líderes mundiales), reuniones del G7, reuniones del G20, conferencias de donantes para diversas crisis (guerra de Irak), conferencias y seminarios de ámbito empresarial, etc. Pero un lugar donde se cumplan todos y cada uno de estos requisitos es la reunión anual del Foro Económico Mundial en Davos.

En esta pequeña ciudad de Suiza se reúnen cada año desde 1971 los mandatarios mundiales, políticos y económicos, para tratar los temas más importantes de cada momento.

Las reuniones se realizan en Davos, en los Alpes suizos, y generalmente en invierno.

Entre los temas tratados por el Foro Económico Mundial en el año 2001 se denominó como:

"¿Cómo mantener el crecimiento y crear puentes que termine con las divisiones?: un marco de acción para el futuro global"

Este nombre parece encerrar un mensaje oculto: "crear puentes" por un lado y "futuro global". Como es natural en el contenido público que se emitió no tiene porque contener el objeto principal de ese futuro global

Para reforzar y confirmar mi teoría: ¿por qué se celebra la reunión en Davos (Suiza) en el mes de Enero, en pleno invierno?.

Se podría realizar en verano, con mejor clima o cualquier otro punto del mundo que disfrute de mejor clima. Seguramente los organizadores querían concienciar a los dirigentes de que ese clima sería el habitual en una futura era glaciar, y eso en el mejor de los casos.

Estamos hablando por tanto de "un club de dirigentes", que como todo club tienen miembros, unos entran otros salen y muchos permanecen. Los dirigentes políticos son elegidos en las urnas, pero ellos eligen al que tiene que ser elegido. Por tanto la crisis actual no es de Bush o de Obama, de Sarkozy o Hollande, de Merkel o Schröeder, de Zapatero o Rajoy, los mandatarios deberían realmente llamarse obedecetarios, no tienen capacidad para mandar sólo para obedecer.

Tal vez el club Bilderbeg, no es el club exacto donde se fraguó toda esta presunta conspiración, pero tiene todas las papeletas para que sus miembros participaran como otro club aún más secreto.

Todo ello junto puede ser el prefecto caldo de cultivo para coordinar una conspiración orientada a preparar una migración masiva de población del norte al sur de Europa, de forma "silenciosa" y no provocando una guerra como ha venido siendo habitual durante los últimos 3.000 años anteriores. Una operación de conquista gestionada con la deuda y no con las armas.

Bueno esa migración masiva no tiene porque incluir a toda la población, se puede ser patriota pero con limitaciones. Si por ejemplo hablamos de unos de los países que más se verían afectados por una glaciación, sería Noruega. Actualmente tiene balanza de pagos positiva, dispone de dinero y de petróleo. Por tanto la llegada de una glaciación, podría superarla modificando determinados parámetros de vida:

1. Gastar más energía para calentar los hogares.
2. Invertir en hogares más eficientes energéticamente hablando.
3. Construir infraestructuras subterráneas para soportar el rigor de las temperaturas.
4. Modificar las técnicas de extracción de petróleo si se endurecen las condiciones climáticas.
5. Planificar un sistema de rotación de la población con zonas templadas del planeta.

Este último punto es el importante, la población de Noruega es de 4,7 millones de habitantes, no todos podrían emigrar puesto que supondrían la desaparición del país como tal, alguien debería continuar manteniendo la industria y en especial la del petróleo. Sin embargo, ningún ser humano podría soportar vivir 12 meses de continuo invierno, como si fuera trasladado a una estación científica de la Antártida.

Sin embargo si un porcentaje de la población, y entre ellos los ricos se asegurarán un destino a lugares más cálidos del planeta durante un periodo de tiempo adecuado, tal vez, Noruega podría seguir existiendo.

Este mismo razonamiento sería válido, aunque sin el parámetro de la industria del petróleo para: Suecia, Finlandia, Dinamarca, las Repúblicas Bálticas, Alemania, Holanda, etc.

Salvo Alemania el resto de países tiene una población relativamente pequeña, el estado de supervivencia que supondría una glaciación llevaría a los dirigentes de esos países a buscar alternativas a sus modo de vida actual, tal vez no para toda la población, pero como siempre ha ocurrido a lo largo de la Historia al menos para los más privilegiados.

Por tanto la presunta conspiración fraguada en una reunión de Davos en el año 2001, no tenía como objetivo montar campos de refugiados (como ocurre en la guerras de África o Asi), sino que la población de países ricos, sigan viviendo como tales en países que como tales los trataran.

No supone una migración masiva de población, alguien deberá quedarse para trabajar en esos países, mientras otros "emigran" para hacer "turismo".

¿Quién podría pensar que se pueda desencadenar una crisis mundial para disponer de unos cuantos millones de viviendas algo más baratas?.

La respuesta es que no estamos hablando de unos millones de viviendas, sino de países completos. En España por ejemplo hay más de 1 millón de viviendas sin vender, pero al menos otros 2 millones de viviendas que podrían ser compradas actualmente a mitad de precio que hace 5 años, sus propietarios se desprenderían de ellas porque la crisis les está ahogando.

Esto mismo ocurre en Grecia y Portugal, y algo menos en el caso de Italia.

La existencia de la crisis también afecta a otro elemento que se había encarecido por la burbuja inmobiliaria: el suelo.

Por tanto, tenemos millones de viviendas a precio mucho más barato (casi de saldo), y los bancos se han hecho con la posesión de suelo edificable, que actualmente nadie quiere comprar.

Los bancos españoles, portugueses y griegos avalan los créditos ante la banca europea con estos activos, lo que supone que si el frio no llega tendrían vacaciones más baratas, pero si el frio llega y aprieta, tendría la salvación para su población, o como en realidad no estamos hablando de almas caritativas, el control de todo el negocio inmobiliario del Mediterráneo.

Por otro lado la crisis estalló en EEUU y a fecha de 2012 la economía estadounidense ya comienza a crecer, en este lado del Atlántico la economía de Alemania también se ha recuperado. En general salvo los países del grupo PIGS, el resto de países europeos ha reconducido su economía. Sin embargo las dificultades de financiación para los países del sur están generando nuevos efectos, aunque todos apunta cada vez a confirmar mi teoría conspiratoria.

Antes de continuar con más detalles sobre la conspiración, seguro que cualquier lector algo avispado ha echado en falta referencias a Islandia e Irlanda, no están en el sur de Europa, pero igualmente se han visto afectadas por una crisis financiera. La explicación está en la estrategia: Si se señalan en un mapa todos los territorios afectados por la conspiración se descubrirá que están por debajo del paralelo 44, lo que significa mucha gente comenzara a atar cabos.

Sin embargo si se incorpora una pequeña isla como Islandia y un país cuya población tiene fama de tener un carácter parecido a los sureños, ninguna especulación podría acotar el problema en las riberas del Mediterráneo y sería crisis global (como se denomina siempre todos los estudios de Davos), y especialmente debido a la falta de control político de los países afectados y por culpa de una población *vaga y ociosa*, que una vez se creyó que era rica y que podía parecerse a sus vecinos del norte.

Volviendo a los hechos y las consecuencias de la crisis, durante el mes de agosto de 2012 se podría leer en los periódicos noticias como:

"El 'land' de Hesse acude a Madrid en busca de 400.000 parados..." (30-08-2012 www.elconfidencial.com)

En el interior de la noticia se aclara que durante los próximos 10 años, sólo el 'land' de Hesse (el más industrializado de Alemania) va a necesitar 2.000.000 de trabajadores por la falta de personal especializado en Alemania.

Se va cerrando el círculo, como comentaba con el ejemplo de Noruega, también Alemania va a necesitar personal para mantener su industria durante la futura glaciación, ¿Hay algún país con personal preparado, pero que una crisis enorme no le permite dar trabajo a sus jóvenes? Sí, España esta en esa situación.

Recapitulemos:

1. Se genera un recalentamiento de la economía de un país.
2. Se hace creer a su población que es cada vez más rica
3. Se construyen viviendas que compra esa población (nuevos ricos)
4. Se financia todo con dinero de otros países
5. Explota la burbuja especulativa
6. Los nuevos ricos pasan a ser nuevos pobres, van al paro, unos pierden sus casas, otros estarían dispuestos a lo que sea para sobrevivir.
7. Unos países europeos potencialmente se ha quedado con los activos (tóxicos según ellos), todavía están en manos

de bancos españoles o del Estado, pero seguro que de alguna forma pasa a ser de su propiedad.
8. Estos países han comenzado la senda del crecimiento (también saben que se avecina la glaciación), dan trabajo a los parados españoles. No cientos sino miles de empleos.
9. Dentro de uno o dos, los trabajadores españoles tendrán una dependencia de esos países, pero sólo tendrán trabajo y la imposibilidad de retornar.
10. Al mismo tiempo, los ciudadanos ricos de esos países vendrán a España a ocupar la vida que han abandonado nuestros jóvenes.

No tengo pruebas para demostrar una presunta conspiración, pero la explicación de lo que ha pasado y de lo que está pasando, es ésta.

Cada analista la puede contar de otra manera, pero el resultado se resumen en un cambio de población: jóvenes a trabajar y viejos a disfrutar de mejor clima. Y todo ello pagado con interés.

Lo curioso de todo este panorama es que las autoridades del land de Hesse son recibidas como salvadores de esta situación donde nos hemos metido, se ponen los medios: cursos de idiomas (más gasto público) para que los mejores trabajadores de España (los que tendrían que trabajar aquí para sacar al país de la crisis) se marcharán a Alemania con el alemán aprendido.

Como comentaba anteriormente, las noticias del mes de agosto de 2012 apoyan mi teoría, sólo hay que ir esperando el frío.

Según S. McCoy (30/08/2012 www.elconfidencial.com), Australia podría ser el próximo país que sufriría el colapso de una burbuja inmobiliaria, con las mismas características que la española. ¿Por qué aparece ahora Australia en medio de una conspiración europea para hacerse con los territorios del sur?.

Australia es versión del Mediterráneo para los países del norte de Asía. Australia es a España, lo que Japón a Alemania.

Recordemos que en Davos estaban representados los mandatarios más poderosos del mundo, Japón es suficientemente poderoso para reproducir el esquema de traslado silencioso de población en este caso a Australia.

En Asia no solamente estaría afectado por una glaciación Japón, también China y Corea del Sur serían territorios donde las condiciones climáticas se verían alteradas y por tanto su economía estaría en peligro.

China no creo que pertenezca a ningún club de mandatarios que se reúnen para conspirar contra el mundo, por si sólo ya son suficientemente poderosos para gestar su propia conspiración.

Profundizando en los indicios sobre estos movimientos de traslados de personas, o al menos de asegurarse el suministro de alimentos en 2009 la FAO alertó del aumento de compra de tierras por parte de empresas de Corea del Sur en Madagascar y de Japón en Brasil, entre otras muchas operaciones.

Países que cuya población sufre de desnutrición han vendido parte de su territorio a corporaciones extranjeras para que estas exploten su recursos agrarios. Inicialmente todo parece beneficioso, suponen unos ingresos para los países vendedores y trabajo para la población. Por otro lado las empresas consiguen productos que en su país de origen les resulta imposible por la falta de terreno o por el clima adverso. Se comenzó con productos destinados a la obtención de combustibles, pero la operación encierra un cambio de criterios si es necesario disponer del producto para la alimentación humana, pero como siempre para los ricos, el país que lo produce no vería nada de esas cosechas.

¿Y qué pasa con EEUU, cuál es su Mediterráneo?

EEUU es tan grande que dentro de su propio territorio tiene la solución para la glaciación, gran parte de su territorio está por debajo del paralelo 44: California, Florida, Texas, Nuevo México, etc. son estados donde la población ya realiza esta migración silenciosa que comentaba anteriormente, en caso de la llegada de una glaciación podría resolver el problema sin tener que recurrir a otros territorios, y si fuera necesario siempre les quedará Sudamérica.

En cierto modo se utilizó el mismo método que en Europa para conseguir la construcción de millones de viviendas, que lo paguara la población y luego que los bancos vuelvan a ser los propietarios cuando no pudieran pagar sus hipotecas.

Este problema puedo estar enfocándolo como una relación entre Norte y Sur, para aclararlo, se trata de la relación de los ricos y los que algún día quisieron serlo, con independencia de donde vivan, y de quienes son los ricos que abusan de los no ricos.

En el caso de Noruega podría pensarse que el "arca de Noé" podría estar pensada para salvar a gran parte de la población, al ser pocos podrían emigrar "de vacaciones al sur". En el caso de EEUU, los pobres ya no son tenidos en cuenta en tiempos de bonanza y los que querían ser ricos están más cerca de ser pobres que de conseguir ser ricos.

Cuando llegue la glaciación, en EEUU será una cuestión de clases sociales, los ricos emigraran, los pobres harán lo que hacen actualmente: intentar sobrevivir.

Aunque la población de EEUU supera los 400 millones de habitantes, tiene el suficiente territorio que posiblemente no se vea afectado por la glaciación, que no será necesario ninguna "operación veraneo"

Otro problema será el caos económico que se producirá cuando la industria del norte se quede parcialmente paralizada y cuando las cosechas se vean limitadas por la falta de lluvia y por la bajada de las temperaturas.

¿Y África, que pasa con ella?

El hombre blanco sólo ha visto África como un lugar donde sacar materias primas y donde vender sus productos, armas incluidas. Un continente que tiene países cuyas fronteras fueron pintadas sobre los meridianos y los paralelos de un mapa durante el tratado de Berlín en 1885 (curiosamente aparece Alemania manejando los hilos de la Historia), no puede ser transformado en pocos años en un lugar donde la población europea o asiática pueda trasladarse con los mínimos requisitos de seguridad.

La inestabilidad de muchos países, los problemas sanitarios de otros y la futura hambruna de todos, no les hace candidatos a entrar como parte en una conspiración, salvo que dispongan de petróleo (en ese caso sí que existe un interés).

Si cambian las condiciones climáticas el destino de África está bastante claro, será el granero del mundo. Los países del norte de Europa, América y Asia verían mermados sus territorios para el cultivo, y se trasladará toda esa carga a los países ecuatoriales, que pasaran a tener clima tropical o subtropical.

Gracias a la labor de muchos años de los países ricos, África está totalmente ahoga en créditos impagables y venderán su territorio al mejor postor, ya lo ha hecho Madagascar con Corea del Sur y todavía no estamos en la glaciación.

Si sobra población el frio traerá como ocurrió durante la Edad Media alguna enfermedad que afecte a la población africana y diezme su población, menos comida a repartir. El SIDA, ébola, la gripe aviar, etc. cualquier enfermedad originada de forma natural o en algún laboratorio resolverá el problema de "reducir población", sin embargo crear infraestructuras, viviendas y seguridad, es mucho más complejo, y África no estaba preparada para ello.

¿Dónde nos encontramos?

Continuando con las coincidencias conspiratorias también el 30 de agosto de 2012, en el diario www.elmundo.es se puede leer la noticia: *"La NASA lanza dos sondas para estudiar el impacto de las tormentas solares"*

Realizar cualquier misión de la Nasa supone una inversión importante, ¿estará relacionada esta misión con el estudio del calentamiento de la corriente del golfo?.

La noticia no lo explica, se queda en temas generales sobre la importancia de las tormentas solares y de necesidad de un conocimiento más exacto del funcionamiento de clima más allá de la atmosfera, pero indica claramente:

*"Con ello, los científicos pretenden conocer **mejor el clima espacial cercano a la Tierra** y proteger a los humanos y sus sistemas electrónicos de las tormentas geomagnéticas, pero también estudiar el plasma, un entorno tan distinto al nuestro que es considerado crucial para comprender la composición de cada estrella y galaxia, según la NASA."*

Es curioso que sea difícil anticipar si va a llover mañana y la NASA va a estudiar el clima espacial cercado a la Tierra, en mi opinión el interés más inmediato es conocer el futuro más cercano del clima de la Tierra y saber si disminuyen las manchas solares y las tormentas solares.

Coincidencia, no lo creo.

Si crees que algo va a suceder, actúas en consecuencia.

Si crees que algo no va suceder, lo ignoras.

Pero si tienes dudas sobre algo, si sucederá o no, lo mejor es investigar, ir directamente a verificar todo lo que se pueda sobre el tema. Si hay dudas sobre si hay manchas o tormentas, y nos "estorba" la atmosfera, pues mandamos un satélite que se acerque lo suficiente para investigar el tema.

[7] Esta simulación está realizada por ordenador, pero es fácilmente verificable en el pasado y veremos si se va cumpliendo en el futuro.

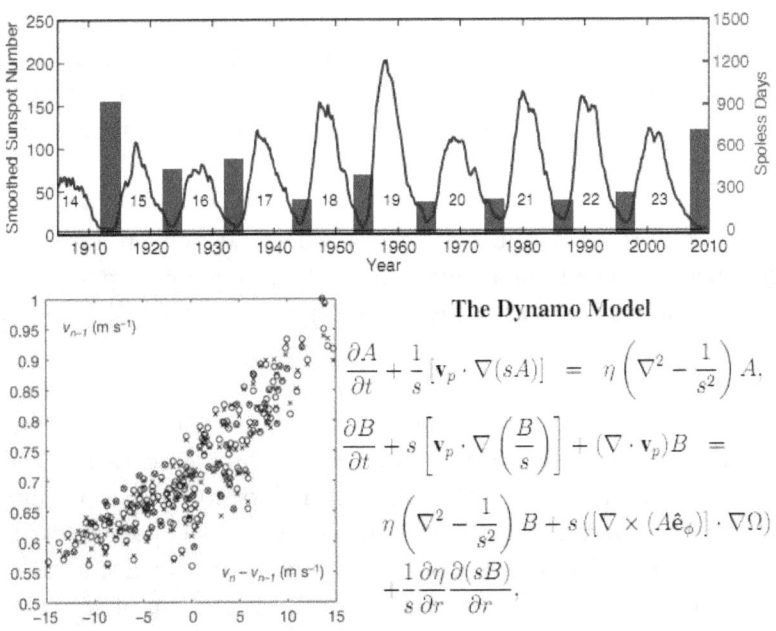

La simulación nos muestra que existe una disminución de manchas solares alrededor del año 2010. Si las sondas solares confirman esta disminución de actividad solar, y el resto de predicciones basadas en el cálculo del baricentro y sus correspondientes proyecciones, estaríamos cerca del comienzo de la era glaciar, 2014 o 2015.

Ya he contado un posible dónde, también un posible cuándo y un posible quienes. ¿Pero quién coordinaba toda la operación?.

Este tema sólo lo podría aclarar Jason Bourne o James Bond, yo sólo soy capaz de analizar información y montar una teoría. Si tuviera que elegir un candidato, un muy buen candidato, ese es Goldman Sachs.

Como socio tecnológico de esta trama estaría el IPCC (Intergovernmental Panel on Climate Change), organismo encargado de generar los informes sobre el cambio climático que son tenidos en cuenta en todas las cumbres sobre el clima y que manejan los mandatarios mundiales. Existen miles de publicaciones criticando los estudios de este organismo, especialmente los escritos por los defensores de las teorías del enfriamiento global.

Como en el resto del libro las teoría que ya tienen un autor las referencia, pareciera que si una persona piensa una cosa puede ser verdad, si la piensan varias personas empieza a ser verdad, y si la piensan la mayoría de las personas, pasa a ser la verdad.

En esta teoría hay varios autores que opinan lo mismo por ejemplo en el libro "Dinero y poder: Cómo Goldman Sachs llegó a gobernar el mundo", escrito por William Cohan, se muestra una investigación minuciosa que cuenta cómo, con el apoyo de la maquinaria de relaciones públicas más agresiva y sofisticada en el sector financiero, Goldman Sachs ha proyectado una imagen de ser superior a sus competidores -- más inteligente, más colectivo, más ética y más centrada en el cliente.

En realidad, Goldman Sachs es la piedra angular de lo que el autor llama EMPRESA MUNDIAL S.A. Poderes fácticos financieros con mucho más poder que cualquier gobierno en la tierra.

Tuvo bastante repercusión mediática el "trader", especulador traducido a la lengua de Cervantes, Greg Smith que dimitió por que no podía seguir con la "conciencia limpia", en una carta señala que el engaño al cliente es común y que se le trata de marioneta.

Después de doce años de trabajar en el gigante bancario Goldman Sachs, Greg Smith, alto directivo de la entidad en Europa, decidió renunciar. "No puedo seguir aquí con la conciencia tranquila", escribió en una carta abierta donde anuncia su retiro.

En el texto, publicado en The New York Times, Smith describe el ambiente de la compañía como tóxico y destructivo, y cuenta que es común escuchar hablar de engaño a los clientes.

"Me molestaba ver la frialdad con la que se hablaba de engañar a los clientes. En los últimos doce meses, conocí cinco directores de gestión que se referían a sus propios clientes como marionetas (muppets), incluso en los correos electrónicos", escribe el que fuera vicepresidente de derivados de acciones de Goldman Sachs.

La carta de Smith provocó una avalancha de comentarios en Twitter y otras redes sociales. En el Reino Unido, muppet se utiliza de forma despectiva para describir a alguien como un ignorante.

"Estuve en reuniones de ventas de derivados donde ni un sólo minuto se gastó en preguntarse cómo ayudar a los clientes. Eran puramente sobre cómo hacer la mayor cantidad posible de dinero de ellos".

Smith indica que una de las claves para progresar dentro del banco es "persuadir a sus clientes a invertir en acciones u otros productos de los que estemos tratando de deshacernos porque no se crea que tiene mucho potencial para generar ganancias".

Goldman Sachs señaló que no estaba de acuerdo con las opiniones de Smith porque "no reflejan la manera en la que manejamos nuestro negocio".

"Sólo tendremos éxito si nuestros clientes tienen éxito. Esa verdad fundamental se encuentra en el corazón de nuestra organización", señaló la entidad en un comunicado.

La estela de escándalos de la entidad Golmand Sachs, no obstante, arrastra una serie de escándalos y multas desde que en 2007 la Securities and Exchange Commission (SEC) de EE.UU. comenzó a indagar en sus cuentas y en su correspondencia interna.

Fabrice Tourre, entonces vicepresidente de Goldman, señalaba en sus correos que "todo el sistema estaba a punto de derrumbarse en cualquier momento".

Tres años después la SEC abrió una investigación por fraude contra el banco de inversión por la comercialización de inversiones hipotecarias en el mercado inmobiliario de EE.UU., las llamadas hipotecas basura.
La SEC multó a la entidad con US$550 millones por engañar a los inversionistas, la multa más alta en toda la historia del organismo de control.

La firma fue criticada por sus prácticas comerciales, incluidas acusaciones de que ayudó a Grecia a ocultar algunas de sus enormes deudas.

"No podía mirar a los ojos a los estudiantes"

Smith, que también daba charlas en universidades de todo el mundo para reclutar talentos para Goldman, comenta en su carta que se dio cuenta de que era el momento de marcharse cuando "ya no podía mirar a los ojos a los estudiantes".

"No podía decirles que este es un gran lugar para trabajar", subrayó en su carta. "Sinceramente creo que este declive en la fibra moral de la firma representa la amenaza más seria a su supervivencia en el largo plazo", indicó.

En medio de la crisis financiera estadounidense y ante la posibilidad de una quiebra, la Reserva Federal autorizó a Goldman Sachs para dejar de ser un banco de inversión y convertirse en uno comercial.

Goldman estuvo entre las corporaciones rescatadas con los impuestos de los contribuyentes estadounidenses. En 2008 la entidad recibió US$10.000 millones del plan de rescate financiero TARP.

Unos años después del rescate el director general de Golmand Sachs, Lloyd Blankfein, hizo una polémica declaración: "Los banqueros no hacen más que cumplir con la obra de Dios".

Este texto se repitió ampliamente por Internet, Greg Smith obviamente ya no trabaja para Goldman Sachs.

Otra empresa cómplice en la gestación de la crisis es Lehman Brothers, cuya declaración de quiebra quedará anotada en los libros de Historia como el comienzo oficial de la gran depresión 2007- ... no se sabe cuándo acabará. Gran honor aparecer en los libros (o wikipedia para ser moderno) como fecha histórica al nivel del descubrimiento de América o la caída de Constantinopla.

Pero, ¿cómo unas empresas que casi quiebran o sufren ingentes pérdidas han podido montar una conspiración?.

La explicación está en no quedarse sólo con el final, sino con inicio y la etapa de esplendor. Cualquiera que quiera operar en bolsa debe aprender el principio básico de un inversor: "que el último euro se lo lleve otro".

Como en toda burbuja los que venden antes de que exploten son los que se han beneficiado, los que poseen los activos en el justo momento de la explosión lo pierde.

En este caso ni eso, puesto que Lehman Brothers ha salido de la quiebra a principios de 2012 y Goldman Sachs fue rescatada por EEUU y continuó con su negocio.

Además hay diferencia entre conspiradores e inversores, los que potencialmente perdieron dinero eran los inversores, las mentes pensantes de toda la trama seguro que se retiraron a tiempo.

¿Algún trabajador de esta empresa está situado ahora en algún puesto relevante de la administración estadounidense o de alguno de los países con problemas financieros en Europa?

Si ampliamos la lista de empresas "pensadoras" en el crecimiento global, podemos añadir Lerman Brothers y entonces nos queda una lista de dirigentes:

1. Mario Draghi, Banco Central Europeo
2. Lucas Papademos el Gobierno griego
3. Mario Monti, Ejecutivo italiano,
4. Luis de Guindos, Ministro de Economía y Competitividad de España.

Es decir, la zorra cuidando a las gallinas. Tal vez algunos llegan a pensar: Si ellos lo generaron, sabrán como revertir el problema.

Otra visión más extrema y conspiratoria sería: con el trabajo que nos ha costado llegar hasta aquí, vamos a asegurarnos de que no se tuerza el plan.

En EEUU ocurrió algo similar entre los reguladores del sistema, el gobierno y las empresas financieras. Los continuos cambios de silla hace difícil distinguir entre el vigilante y el vigilado.

Ahora que estoy escribiendo este libro me doy cuenta que si todo fuera verdad: que viene una glaciación, que existió una conspiración, que se producirá una migración silenciosa, etc. quienes lo pensaron fueron unos verdaderos genios.

Si no lo pensaron, ni existe tal conspiraron, sino que las cosas son así, ocurren por leyes de la naturaleza por un lado y de la economía por otro. ¿Nos alcanzará la glaciación sin que ninguna organización política haga algo?

Tal vez la explicación está en la diferencia con el Norte de Europa, allí se piensa y se trabaja, mientras que en el Sur somos holgazanes, como la cigarra, y no anticipamos las consecuencias de nuestros actos y tendremos un futuro muy oscuro, y frío.

Quienes forman el Foro Económico Mundial

El Foro está financiado por 100 empresas miembro. La empresa miembro típica es una empresa global con más de cinco mil millones de dólares de facturación. Esto último puede variar por industria y por región. Además, estas empresas se clasifican entre las principales empresas de su industria o país, y juegan un rol de liderazgo para forjar el futuro de sus industrias o regiones. Desde 2005, cada empresa miembro abona un arancel anual básico para ser miembro de 42.500 CHF y un arancel anual por asamblea de 18.000 CHF, que cubre la participación del Director Ejecutivo en la reunión anual en Davos. Los asociados industriales y estratégicos pagan 250.000 CHF y 500.000 CHF respectivamente, lo que les permite tener una función más destacada en las iniciativas del Foro.

Además, estas empresas se clasifican entre las principales empresas de su industria o país (generalmente según la facturación en millones de dólares estadounidenses; para las instituciones financieras, los criterios corresponden a los activos) y juegan un rol de liderazgo para forjar el futuro de sus industrias o regiones, según lo determinado por el comité de selección del Foro.

Los asociados industriales provienen de una amplia variedad de sectores empresariales, entre ellos, construcción, aviación, tecnología, turismo, alimentos y bebidas, ingeniería y servicios financieros. Estas empresas conocen muy bien los problemas mundiales que más afectan a su sector industrial específico.

El Foro tiene por tanto dos figuras: los miembros y los socios, ambos comprometidos a seguir las iniciativas y proyectos que promuevan el entendimiento y desarrollo global.

La función de los socios es la de elaborar la agenda y la de los miembros es la de llevar a cabo las acciones necesarias para lograr los objetivos establecidos por el foro, se benefician de las relaciones entre los integrantes del Foro.

Algunos socios estratégicos son : Audi, The Boeing Company, British Petroleum, Cisco Systems, Coca Cola , Compaq, DHL, Ernst and Young, IBM, Merril Lynch, Microsoft Company, Reuters, Price Water House Coopers, Vivendi Universal y Volkswagen.

Y como es natural a las reuniones del Foro son invitados los principales dirigentes de los países industrializados.

Emprendedores Sociales

Desde el año 2000, el Foro ha promovido modelos desarrollados por los emprendimiento social líderes del mundo, en estrecha colaboración con la Schwab Foundation for Social Entrepreneurship. La fundación destaca los emprendimientos sociales como elementos fundamentales para el avance de las sociedades y el tratamiento de problemas sociales. Se invita a emprendedores sociales selectos a participar de las asambleas regionales y de las Asambleas Anuales del Foro, en donde tendrán la oportunidad de conocer a directores ejecutivos y funcionarios gubernamentales senior. Durante la Asamblea Anual de 2003, por ejemplo, Jeroo Bilimoria conoció a Roberto Blois, Subsecretario General de la Unión Internacional de Comunicaciones, un encuentro que produjo una asociación fundamental para la organización Child Helpline International.

Informes de Investigación

El Foro también funciona como grupo de pensamiento y publica una amplia variedad de informes centrados en asuntos de importancia y preocupación para las comunidades del Foro. En particular, los Equipos de Pensamiento Estratégico del Foro se centran en la producción de informes de importancia en los campos de competitividad, riesgos globales y planificación de situaciones e ideas sobre situaciones.

El Competitiveness Team produce una variedad de informes económicos anuales (primera publicación entre paréntesis): el Informe Global de Competitividad (1979) calcula la competitividad de países y economías; el Informe Global sobre Tecnología de la Información (2001) evalúa la competitividad según la disponibilidad de la TI; el Informe de la Brecha Global de Género (2005) examina áreas críticas de desigualdad entre hombres y mujeres; el Informe Global de Riesgos (2006) evalúa los riesgos globales fundamentales; el Competitividad para Viajes y Turismo (2007) calcula la competitividad de viajes y turismo y el Informe Global de Facilitación del Comercio (2008) presenta un análisis entre países de la gran cantidad de medidas que facilitan el comercio entre las naciones.

La Red Global de Riesgos realiza un informe anual que evalúa los riesgos que se consideran globales, que tienen importancia entre industrias, que son inciertos, que pueden causar daños económicos por más de US$10 000 millones, que pueden causar gran sufrimiento humano y que requieren un enfoque multidisciplinario para poder mitigarse.

El equipo de planificación de situaciones desarrolla una variedad de informes sobre situaciones regionales, centradas en industrias y específicas para ciertos problemas, diseñados para desafiar el razonamiento de los lectores, crear conciencia sobre los factores críticos subyacentes y estimulan ideas nuevas sobre el futuro. Los recientes informes incluyen una publicación importante sobre los impactos a corto y largo plazo de la crisis financiera global de 2008-2009, El futuro del sistema financiero mundial: una mirada a corto plazo y situaciones a largo plazo y situaciones relacionadas con el impacto de los cambios demográficos en la financiación de planes de pensión y asistencia médica, Financiación de cambios demográficos: Situaciones relacionadas con los planes de pensión y asistencia médica hacia el 2030.

Iniciativas

El Foro Económico Mundial dedica sus esfuerzos a temas como los siguientes:

La Iniciativa de Salud Global (Global Health Initiative, GHI) fue lanzada por Kofi Annan en la Asamblea Anual de 2002. La misión de la GHI es realizar negocios con asociaciones públicas y privadas para abordar problemas relacionados con HIV/AIDS, TB, Malaria y los sistemas de salud.

Henry Kissinger, en la 'Cumbre Económica de India' del Foro Económico Mundial, noviembre de 2008, Nueva Delhi.

La Iniciativa de Educación Global (Global Education Initiative, GEI), fue lanzada en la Asamblea Anual de 2003, y ha reunido a empresas de TI con los gobiernos de Jordania, Egipto e India. Esto dio como resultado nuevo hardware para PC en los salones de clase y más profesores locales capacitados en educación a distancia. Esto está produciendo un impacto real en las vidas de los niños. El modelo GEI, escalable y sostenible, se está utilizando como modelo educativo en otros países como Ruanda.

La Iniciativa Medioambiental trata problemas relacionados con el cambio climático y el agua. Durante la conferencia: *"Diálogo de Gleneagles sobre Cambios Climáticos"*, el gobierno del Reino Unido solicitó al Foro Económico Mundial durante la Cumbre G8 en Gleneagles, en 2005 que facilite el diálogo con la comunidad empresarial a fin de desarrollar recomendaciones para reducir las emisiones de gases que producen el efecto invernadero. Este conjunto de recomendaciones, firmadas por un grupo global de directores ejecutivos, se presentó a los líderes antes de la Cumbre G8 en Toyako/Hokkaido en julio de 2008.

La Iniciativa del Agua reúne a distintas partes interesadas como Alcan Inc., la Agencia Suiza para el Desarrollo y la Cooperación, USAID India, PNUD India, la Confederación de Industrias de la India (CII), el Gobierno de Rajasthan y la Fundación empresarial NEPAD para el desarrollo de sociedades públicas y privadas para la administración del agua en Sudáfrica y la India.

En un esfuerzo por combatir la corrupción, los Directores Ejecutivos de las industrias de ingeniería y construcción, energía y metales y minería lanzaron la Iniciativa de Asociación contra la Corrupción (PACI) en la Asamblea Anual en Davos, en enero de 2004. PACI es una plataforma para el intercambio de ideas entre pares sobre experiencias prácticas y soluciones ante dilemas. Firmaron aproximadamente 140 empresas.

El Programa de Pioneros Tecnológicos reconoce a las empresas de todo el mundo que diseñan y desarrollan nuevas tecnologías. El galardón se otorga a un mínimo de 30 y un máximo de 50 empresas por año. Durante el año 2008, se ha reconocido a 391 empresas. El galardón se otorgó por primera vez en 2003.

En línea con el compromiso del Foro Económico Mundial de mejorar el estado del mundo, los Pioneros Tecnológicos se integran en las actividades con el objetivo de identificar y tratar problemas de la agenda global de manera anticipada, innovadora y emprendedora. Al reunir a estos ejecutivos con científicos, académicos, organizaciones no gubernamentales y miembros y socios del Foro, el objetivo del Foro es brindar más información sobre los usos de las tecnologías, por ejemplo, la búsqueda de nuevas vacunas, la generación del crecimiento económico y el aumento de la comunicación global.

En los párrafos anteriores he mostrado quienes son, que estudian y que proponen los miembros del Foro Económico Mundial. Públicamente en 2005 se trató el tema del cambio climático, lo que lleva a suponer que años anteriores se debían haber contratado los estudios, unos a favor y otros en contra.

Imaginemos a los gobernantes mundiales, a los empresarios más importantes y las personas más ricas de este planeta manejando una información en la que se les plantea que bajo determinadas circunstancias, puede cambiar toda la forma de vida occidental.

Como hipótesis:

Si yo fuera uno de esos dirigentes, comenzaría a montar un plan para continuar con mi posición privilegiada, aunque con ello suponga hundir económicamente a varias naciones y cambiar regímenes políticos en otras muchas.

Si a esa misma forma de pensar se unen los políticos más importantes del mundo, los empresarios más importantes y las mayores fortunas, nada podrá evitar que alcancen sus objetivos.

Para que quede claro, la conspiración consiste en manejar información privilegiada para anticipar una situación trágica a nivel mundial, pero sólo unos se beneficiarán y muchos otros pagarán la factura de toda esta macro operación.

Simplificando la estrategia sería doble:

a) Crear una crisis, primero fomentando la construcción de infraestructura, aumentar el nivel de vida de los ciudadanos y posteriormente construir viviendas, eso sí todo financiado con dinero prestado por los países ricos del norte de Europa (gobiernos y bancos que participan en Davos) tanto al estado como a los ciudadanos de los países del sur de Europa.

b) Paralelamente montar un caldo de cultivo en los países árabes del norte de África para provocar una revolución y cambios políticos necesarios para poder acceder al control de sus recursos naturales, y llegado el caso a su territorio. En los casos en los que la revolución pacífica no sea posible se actuaría por la fuerza, mediante una invasión justificada por los peligros que suponen los regímenes autoritarios árabes.

Dentro de la conspiración no estarían los ataques terroristas del 11-S y posteriores, principalmente porque son parámetros muy difíciles de controlar y de hecho el terrorismo altera el proceso normal del control económico.

LA CRISIS FINANCIERA

Como parte básica en la presunta conspiración está la "siega", cómo recolectar el grano sembrado durante los últimos años, hay que provocar una crisis, gestionarla adecuadamente y preparar a la población para su futuro estatus de sumisión económica.

Como en los capítulos anteriores, he elegido varios artículos para explicar la crisis, primero a nivel mundial y luego en España de forma particular.

Mucha gente puede tener su propia idea de cómo surge, como evoluciona, que acciones realizan los políticos para gestionar la crisis. ¿Qué son los "Mercados", quién mueve realmente los hilos de la economía mundial?

Sobre la crisis económica hay multitud de libros y artículos escritos, podría interpretar alguno de ellos, pero prefiero referencia a uno que sea suficientemente claro.

[8] La actual crisis financiera y económica, que comenzó en Estados Unidos y que actualmente afecta a todo el mundo, tiene sus orígenes en la década de los noventa y los primeros años del presente siglo.

Habrá otros momentos y lugares para plantear cuáles deberían de ser los siguientes pasos de la política económica pero, para hacerlo, hay que tener un diagnóstico de lo que realmente pasó. Esta nota pretende solamente contribuir a revisar cuáles fueron algunas de las decisiones críticas que condujeron a la crisis de nuestro vecino del norte. La nota no pretende proponer soluciones de política económica para la crisis, ni en México ni en el extranjero, sino solamente contribuir un poco al análisis que generó la situación actual pues, sin un diagnóstico adecuado, las posibilidades de tener una buena propuesta de política económica serían nulas.

Una serie de decisiones equivocadas fueron tomadas a lo largo de muchos años, lo que llevó finalmente al estallido de la burbuja inmobiliaria y sus posteriores consecuencias sobre el sector financiero y la economía real.

Orígenes de la crisis económica estadounidense

Es usual escuchar que el origen de la crisis en Estados Unidos fue el desastre del mercado subprime en las hipotecas. Pero esto es falso: el problema hipotecario fue uno de los efectos y no una de las causas de la crisis actual.

El verdadero origen radica en varias causas que se fueron acumulando durante años y entre las que destacan las siguientes: 1) el sostenimiento durante varios años de una política monetaria errónea y laxa por parte de la Reserva Federal

2) la autorización de la SEC, en 2004, que permitió aumentar el apalancamiento de la banca de inversión

3) las bajas impositivas, a partir de 2001, a las empresas y a las ganancias de capital que distorsionaron los incentivos al ahorro, aumentando peligrosamente el déficit fiscal

4) la estructura de compensaciones a los ejecutivos en las empresas públicas en la forma de "opciones sobre acciones", que se transformó en un incentivo para presentar resultados manipulados.

A partir de 2001 el Banco de la Reserva Federal disminuyó su objetivo de tasas de los fondos federales de 6.5 a 1% en 2003, manteniéndolas así por un año. La justificación fue la recesión de

2001 provocada por el estallido de la burbuja de las empresas ".com", los ataques terroristas del 11 de septiembre de 2001 y, más importante aún, el riesgo de deflación por la inclusión al comercio mundial de países con bajos costos de producción.

Las tasas de interés reales tan bajas durante un periodo tan prolongado (cinco años), en combinación con la desregulación de la banca de inversión de 2004, hizo que el apalancamiento de estos bancos se disparara absurda y peligrosamente. Además, en la economía estadounidense hubo un aumento de liquidez derivado de una mayor disponibilidad de recursos provenientes de la economía china y de los productores petroleros de Medio Oriente. Esta abundancia de recursos alimentó el mercado inmobiliario y bajó a cero las tasas de ahorro interno.

La combinación de todo lo anterior generó dos "burbujas" en el mercado: la de los bienes raíces y la de los commodities. De las dos, la inmobiliaria fue particularmente dañina y tóxica.

En 2005 se alcanzó el pico en el otorgamiento de hipotecas y en la tasa de crecimiento del precio de las casas. Estas hipotecas se daban prácticamente sin enganche y con tasas de interés muy bajas durante los dos primeros años de vida del crédito; incluso se encontraban por debajo de las del mercado y con un año de gracia en el que sólo se pagaban los intereses. Además, las hipotecas se daban sin escrutinio sobre los antecedentes financieros de las personas.

Estas acciones fueron promovidas por el gobierno de Estados Unidos desde 1995 con el fin de aumentar el número de propietarios de casas entre los sectores de menores recursos de la población.

Esto llevó a que la proporción de familias dueñas de su casa pasara de 64% en 1994 a 70% en 2004, el máximo registrado hasta ahora. Además, los otorgantes de las hipotecas no tenían incentivos para evaluar el proceso ya que la mayor parte de éstas serían bursatilizadas y vendidas a inversionistas e instituciones financieras.

Inversionistas privados y firmas financieras compraron una enorme cantidad de emisiones de activos respaldados por hipotecas (Mortgage Backed Securities, MBS), proceso que se aceleró con la desregulación de 2004 que permitió a los bancos de inversión aumentar su apalancamiento, en promedio, ¡30 veces!

Se sumó también el grado de inversión otorgado a una buena parte de estos activos respaldados por hipotecas, bajo el supuesto de que el valor de las casas no caería y que las tasas de cartera vencida se mantendrían bajas. Ello permitió a las instituciones financieras ubicar estos activos fuera de sus balances contables, sin la necesidad de reservar capital para contrarrestar posibles pérdidas. Actualmente, 4.4 millones de hogares se encuentran en moratoria o en proceso de embargo, 9.2% del total.

La euforia en la burbuja inmobiliaria dio lugar a una exuberancia sin precedentes en la construcción de casas. Finalmente, al dejar de crecer el precio de éstas, vinieron los inevitables *downgrades* de las calificadoras, es decir, al explotar la burbuja, se contrajo la demanda y el sector entró en recesión desde el verano de 2007. El exceso de inventarios, la debilidad de los hogares para comprar una casa, las altas tasas hipotecarias y el aumento en los embargos han hecho que se siga intensificando la caída en el precio por un exceso de oferta.

El efecto de la caída en el precio de las casas sobre la economía -en general- y en particular sobre la recuperación, es muy considerable. El consumidor promedio estadounidense tiene 41 años. Una pareja tiene ingresos conjuntos por 67,300 dólares anuales y tienen dos ahorros: su casa y sus cuentas de ahorro para el retiro (401.000$). Por lo tanto, sus activos son la suma del valor de la casa y de sus ahorros para el retiro, pues el resto (el coche, la tv de plasma, el refrigerador,...) no es suyo, ya que lo debe en su tarjeta de crédito.

Al reventar la burbuja inmobiliaria, ¿qué le pasó al valor de su casa y de su cuenta de ahorro para el retiro? Es decir, ¿qué le pasó al valor de sus activos? Ahora, su casa vale en promedio un 30% menos que en 2006 y su cuenta de ahorro para el retiro, que está en su mayor parte invertida en acciones, vale un 35% menos que al inicio de 2008 derivado de la caída en el mercado de valores. El consumidor promedio perdió 33% de su capital y se quedó con la misma deuda. Es decir, enfrenta una pérdida de riqueza financiera fenomenal -a la Franco Modigliani- de 33%. Está sobreendeudado. Además, los consumidores estadounidenses dejaron de ahorrar y gastaban todo su ingreso corriente, basados en la premisa de que sus dos activos eran su fuente de ahorro y que nunca perderían valor.

Si además la economía entra en recesión, aumentando el desempleo y la incertidumbre, el consumidor buscará bajar su deuda antes de que pueda volver a gastar. Para desendeudarse, lo único que puede hacer es gastar menos (sobre todo en el llamado consumo discrecional) y comenzar a ahorrar, en el momento macroeconómico menos propicio.

Efectivamente, el ahorro es una reserva de capital que se puede usar para financiar la inversión, pero en una recesión un mayor ahorro, es decir, un menor consumo, puede hacer aún más grandes los problemas económicos. Ese comportamiento se conoce en economía como la "paradoja del ahorro" y fue planteada por primera vez por Keynes.

La deuda de las familias estadounidenses ha crecido en forma constante desde que la Reserva Federal empezó a monitorearla en

1952 y por primera vez bajó en el tercer trimestre de 2008. Pero también es el primer trimestre, en 17 años, que cayó el consumo. Esto permite prever que el crecimiento del PIB estadounidense se contraiga por lo menos 5% en el cuarto trimestre de 2008.

Cabe recordar que el gasto del consumidor tiene dos elementos. El primero es lo básico, alimentación, vivienda, educación y salud. Lo segundo es lo no básico o "discrecional", como coches, refrigeradores, vacaciones y televisiones. Por lo tanto, para gastar menos y ahorrar, el consumidor debe recortar el gasto discrecional al máximo, hasta que se desendeude o vuelvan a subir los precios y cotizaciones de sus activos, lo que tomará tiempo.

¿Cuándo volverá a subir el precio de las casas? El último dato disponible, de noviembre pasado, señaló que el precio de las casas cayó 19% en términos anuales, por lo tanto, primero deben de dejar de bajar, lo que puede tardar de seis meses a un año, después se tienen que estabilizar y, finalmente, volverán a subir. En estos momentos de incertidumbre, lo poco que se puede afirmar es que, derivada del sobreendeudamiento del consumidor, la recesión será larga y la recuperación débil, pues el consumidor retornará a gastar de manera retrasada y prudente.

Las respuestas de política económica

La situación económica estadounidense se fue deteriorando a lo largo de los primeros ocho meses de 2008, de manera más o menos predecible. Sin embargo, la declaración de quiebra de Lehman Brothers, el 15 de septiembre, detonó la parte más perversa de la crisis, introduciendo niveles de volatilidad en los mercados pocas veces vistos y provocando un deterioro aún más acelerado de las principales variables económicas. La crisis se ha ido agravando, además, por el hecho de que las tasas hipotecarias han respondido poco y tarde a la reducción en las tasas-objetivo de corto plazo por parte del Banco de la Reserva Federal.

Finalmente, hubo a lo largo de todo el año un continuo cambio de señales por parte de las autoridades, producido por la carencia de un plan estructurado para enfrentar la crisis.

La quiebra apresurada y no planeada del cuarto banco de inversión más grande de Estados Unidos, Lehman Brothers, destruyó alrededor de 75,000 millones de dólares de valor y dejó 200,000 millones de dólares de deuda sin contraparte. Esto provocó un aumento en la volatilidad de los mercados financieros y secó los mercados crediticios.

La incertidumbre sobre quién podría ser la próxima víctima y sobre quién tenía "papeles de Lehman" llevó a las tasas interbancarias overnight y de tres meses a máximos históricos. Lo más relevante de este hecho es que normalmente las contrapartes no son investigadas debido a la poca duración de las transacciones. Con la quiebra, se internacionalizó la crisis a lugares que aún se mantenían a la par. Tan sólo en Europa siete Estados se vieron forzados a intervenir en tres días a cinco instituciones financieras.

Lo anterior apresuró la aprobación de un plan de rescate acordado por el gobierno estadounidense: el rescate financiero más grande de la historia. El Congreso autorizó al Departamento del Tesoro utilizar 700,000 millones de dólares en una intervención extraordinaria para prevenir un derrumbe financiero y, consecuentemente, económico. Originalmente se pretendió comprar activos tóxicos, sin embargo, esta iniciativa se abandonó como primera instancia debido a la dificultad para valuarlos y se procedió a capitalizar a los bancos.

Lo que se hizo fue dar participación al gobierno en las acciones preferentes (sin derecho a voto) en los bancos que se acogieran a la medida. Se acordaron cambios en la regulación contable, límites a los sueldos de los ejecutivos y aumento del seguro de depósitos de 100,000 a 250,000 dólares.

Como un segundo apoyo el Banco de la Reserva Federal anunció que apoyará al sistema financiero con 800,000 millones de dólares. Asegurarán 100,000 millones de dólares de deuda de las nacionalizadas agencias hipotecarias Fannie Mae y Freddie Mac; comprarán 500,000 millones de dólares de MBS y, finalmente, se creó una nueva facilidad por 200,000 millones de dólares para respaldar nuevas emisiones de créditos sin colateral (tarjetas de crédito, préstamos estudiantiles, préstamos para compra de coches). Los efectos positivos de esta última medida ha sido la disminución entre los diferenciales de los bonos corporativos con respecto a los del gobierno y, más importante aún, la primer reducción continua y sostenida de las tasas hipotecarias de largo plazo.

Se espera que el déficit fiscal de Estados Unidos, antes de la nueva ronda de apoyos del gobierno entrante, alcance, en 2009, un equivalente a 8% del PIB, cifra sólo vista en las guerras mundiales.

La presión por generar mayor déficit fiscal

Por todo lo anterior el presidente electo de Estados Unidos, Barack Obama, anunció el que podría ser el mayor gasto en infraestructura desde la construcción de la red de carreteras interestatales, construidas después de la segunda guerra mundial.

Como se explicó líneas arriba, el consumidor se encuentra fuertemente abatido y en proceso de desendeudarse.

Por lo tanto, es probable que una parte importante de las transferencias directas no sea gastada, sino ahorrada. Además, tanto la inversión residencial como no residencial están decreciendo por la debilidad en el mercado de vivienda y las débiles perspectivas económicas, y el sector exportador se encuentra abatido por la reciente apreciación del dólar y la recesión de sus mayores socios comerciales.

Por lo anterior la única fuente de crecimiento en el corto plazo es el gasto gubernamental.

El consumo representa el 72% del PIB, las exportaciones 13% y el gasto del gobierno el 15%. Por ello la necesidad de hacer un programa efectivo y amplio de gasto gubernamental, que es probable que mitigue pero no anule el efecto negativo del consumidor. La ausencia de un programa amplio y agresivo, que incluya ideas novedosas, sólo provocará que la depresión sea más profunda y duradera.

El resto del mundo también está en recesión. En Europa hay crisis inmobiliarias en España, Reino Unido e Islandia. Además las tasas de crecimiento de toda la eurozona están muy debilitadas y, por primera vez desde la creación del euro hace diez años, están en recesión. En Asia, las tres economías más grandes de la región también tienen problemas: Japón está en recesión y tanto China como India están en desaceleración. Por primera vez en dos décadas todos los países desarrollados están en recesión al mismo tiempo, por lo que esta crisis mundial es novedosa e inusual. Sus efectos son una economía débil, caracterizada por un bajo nivel de consumo, menores ingresos y desempleo creciente.

La recuperación mundial será lenta y débil.

Conclusión

Esta recesión tiene una intensidad enorme. Hay un colapso de todos los mercados y la desconfianza es total. El mercado interbancario no funciona y se generan círculos viciosos: los consumidores no consumen, los inversores no invierten y los bancos no prestan. Hay una paralización casi total de la que no escapa ningún país. Por consiguiente es clave reconocer a la brevedad lo inevitable y obvio de la recesión global.

La incertidumbre es enorme pero si de algo podemos estar seguros es de que la recesión será profunda, larga y global.

Pedro Aspe es ex secretario de Hacienda (1988-94), y el texto fue publicado originalmente por la revista "Este País. Tendencias y opiniones" en su edición de febrero de 2009 como parte de la serie "La crisis: testimonios y perspectivas".

Tasa de ahorro como % del ingreso disponible

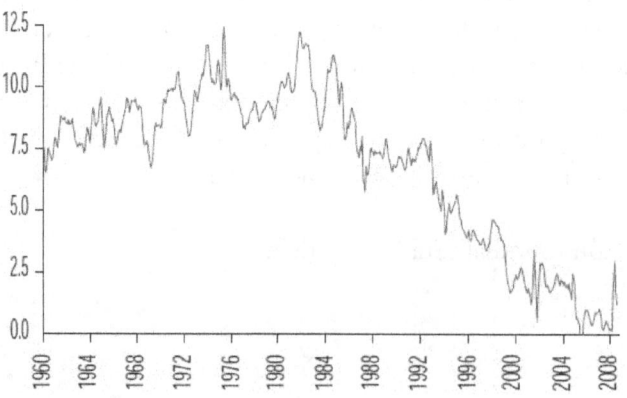

Libor EU

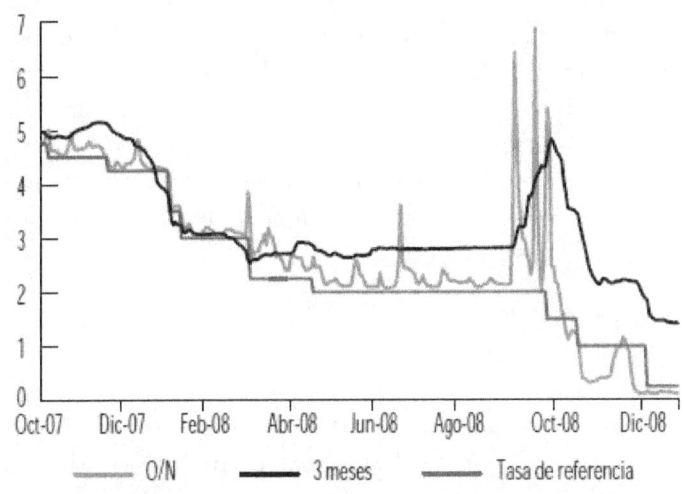

Consumo como % del PIB

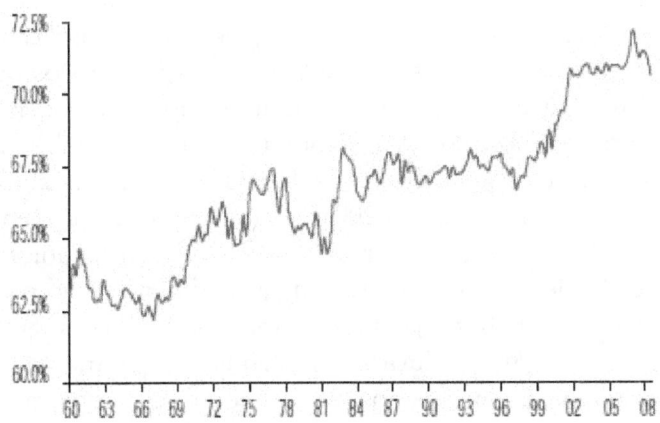

La crisis en España

La crisis española se puede resumir en dos líneas: la coincidencia de una crisis financiera mundial con el desplome de la construcción, motor de la economía del país desde hace más de una década. Al final del «hipotécate, que el piso valdrá más» se han sumado una situación crediticia más estricta para que la banca conceda préstamos y la amenaza de la inflación, alentada por un barril de petróleo que, a pesar de moderarse desde julio, ha llegado a alcanzar precios estratosféricos.

¿Cuánta tierra necesita un hombre? La construcción, un negocio que impulsó la recuperación española en los noventa, se fue de las manos hace mucho tiempo. Según los datos del Gobierno, el 'ladrillo' tenía a principios de 2008 un peso del 17,9% en el Producto Interior Bruto (PIB) y daba empleo al 13% de la población activa. Las cifras son aún mayores si se tiene en cuenta su influencia indirecta en otros sectores, lo que supondría alrededor de un 34% del PIB.

La especulación inmobiliaria ha sido la causa del hundimiento del sector. No sólo los casos de corrupción que implican a promotores y ayuntamientos son cada vez más numerosos, sino que muchos ciudadanos pensaron durante años que los pisos nunca bajarían de precio. Así, comprar era más rentable que alquilar —los costes mensuales han sido similares durante años— y España se convirtió en el año 2001 en el primer país europeo en viviendas en propiedad, con apenas un 15% de españoles en régimen de alquiler. Por otra parte, ningún Gobierno actuó nunca en serio porque tal 'burbuja' fue siempre negada hasta que el 'pinchazo' fue evidente. «Ajuste» es la definición que mantuvo el actual Ejecutivo durante varios meses sobre el desplome de constructoras con miles de millones de euros en deudas.

El hundimiento inmobiliario ha coincidido desde mediados de 2007 con la crisis hipotecaria estadounidense, cuyo negocio del 'ladrillo' ha sido similar hasta cierto punto con el español y el británico. No obstante, vista la evolución de la crisis, España está mucho mejor resguardada que EEUU porque su banca se ha protegido lo suficiente a la hora de conceder préstamos.

Los bancos estadounidenses, salvo algunas grandes entidades comerciales, como Bank of America, concedieron hipotecas de alto riesgo a gente que no podía pagarlas con seguridad. Estas, conocidas como 'subprime', se agruparon en paquetes de productos financieros que eran comprados por inversores de medio mundo. Su constante cambiar de manos y complejidad han intoxicado al sistema financiero mundial, provocando un fuerte clima de desconfianza entre los bancos. España, como el resto del mundo, nota esta crisis al tener más dificultades para conseguir liquidez, lo que se traduce en menos préstamos a empresas y hogares.

A la crisis crediticia se ha unido la inflación. España, con un diferencial de precios de algo más de un punto porcentual respecto a Europa, lo nota en gran medida. El principal motivo del encarecimiento de todo es el precio del petróleo, doblado en un año por la posible especulación del mercado de las materias primas, aunque ahora el barril vale menos de 100 dólares. Ello, sumado al aumento de los precios de los alimentos, ha provocado manifestaciones que han revolucionado al país, como la de los transportistas y la de los pescadores.

La política del Banco Central Europeo, del que depende España, ha sido dar más peso a la lucha contra la inflación que fomentar el crecimiento. Así, su política de tipos de interés altos se ha notado tanto en las duras condiciones crediticias como en la subida de las hipotecas sujetas al Euribor, que son la mayor parte de las españolas.

Ante todas estas variables, la renta disponible de los hogares ha mermado. Esto ha provocado el hundimiento del consumo, lo que supone a su vez el desplome del crecimiento de la economía española y con ello la pérdida de miles de empresas y puestos de trabajo. El número de Expedientes de Regulación de Empleo (ERE) se ha disparado, en especial en la construcción e industrias como la de la automoción. El número de parados supera los 2,5 millones de personas, el peor dato en una década, y las empresas que cierran sus puertas son numerosas, sobre todo las constructoras y promotoras inmobiliarias.

Así, la suma de constructoras deudoras de miles de millones de euros y personas sin empleo ha hecho que las tasas de morosidad de bancos y cajas de ahorro aumenten con fuerza en los últimos meses. Y ello, en un ciclo continuo, provoca que el acceso a créditos sea más difícil, lo que entorpece el crecimiento español.

Todos los pronósticos apuntan a que 2009 será un año duro. Instituciones como la Organización para la Cooperación y el Desarrollo Económico (OCDE), el Fondo Monetario Internacional (FMI) o el Banco Central Europeo, entre otros, coinciden en que el próximo año será peor que el actual, aunque esperan cierta recuperación a finales del segundo semestre.

Agotado su margen de maniobra, y con poco éxito en su paquete de medidas anticrisis, el Gobierno ha diseñado para 2009 unos Presupuestos Generales «austeros» y «realistas». La previsión oficial es que España crecerá a su nivel potencial a partir de 2010. Puede ser, aunque todo dependerá de la evolución de la crisis mundial. Lo que parece cierto es que el actual modelo económico español está agotado. La reflexión se hace obligatoria.

La primera crisis: La Burbuja Inmobiliaria

El siguiente texto esta extraído de un artículo escrito por Antonio Romea, es una de las muchas visiones de la crisis, aunque cada vez que pasa el tiempo casi todo los analistas están de acuerdo en cómo surge y como evolucionó la crisis. En lo que no se ponen de acuerdo es quién originó la crisis.

La primera fue debida a la burbuja inmobiliaria y especulativa. Se construyeron más pisos de los que se pueden vender (hay un millón de pisos vacios en España) y a precios sobrevalorados. La Banca dio créditos a constructoras y particulares también por valores superiores a los de dichos pisos, ya que la propia Banca los tasaba al alta y el Estado no lo impedía.

Ahora, en 2011, existe riesgo de impago de dicho crédito, tanto por parte de las constructoras, que no venden o no acaban de construir los pisos y sólo pueden devolver a los Bancos prestamistas unos pisos que ya valen menos que el monto de capital que recibieron en préstamo, como de las familias que con la crisis pasan apuros económicos y se convierten en morosos de los Bancos (la tasa de morosidad es aún baja, del 5%) y en el peor de los casos no pueden pagar los pisos que compraron con Hipotecas antes de la crisis y se los tendría que quedar el Banco.

En caso de quiebra de la Banca, el Estado español es responsable civil subsidiario y tendría que devolver los depósitos hechos por la población hasta 100.000 euros por ciudadano. Para tener fondos en dicho caso de quiebra y para conceder ayudas a la Banca -ya ha concedido préstamos millonarios a Cajas de Ahorro-, el Gobierno de José Luis Rodríguez Zapatero (PSOE, socialdemócrata) está recortando gastos y derechos sociales históricos, como lo haría un Gobierno de derecha (PP, conservadores).

El Estado necesita pues fondos de reserva para ayudar a la Banca y se extraen suprimiendo servicios del Estado del bienestar, conseguidos durante décadas de luchas obreras en España, además se aumentan los impuestos también a la población trabajadora: aumento IVA al 18%, fin del cheque-bebé, recortes a desempleados, reducción un 10% salario funcionarios, congelación pensiones, postponer jubilación a los 67 años, reducción servicios públicos y convocatoria de empleo público. Todo ello empeorará la Enseñanza, Sanidad y Seguridad (en 2011 se baja de convocar 3.500 plazas de Policias a 600).

Estas medidas se supone que son contrarias a la ideología del Gobierno PSOE, que en épocas de bonanza pretendía aumentar coberturas sociales. Pero precisamente esto, dar garantías a los compradores de deuda española y a la Banca, es lo que le exige al Gobierno la propia Banca española y extranjera, la cual compra deuda Estado, o sea que da crédito al Estado español, las grandes empresas (hubo un desayuno clave de sus directivos y el Presidente Zapatero en la Moncloa), el estadounidense FMI y hasta la propia Unión Europea, en concreto la canciller alemana Angela Merkel.

Ante esa presión el Gobierno "socialista" está realizando la misma política anti-social y pro-Banca que hubiesen desarrollado el conservador PP, y además sin desgaste electoral para éste último, al que ahora las encuestas dan como favorito para ganar las próximas Elecciones.

Parece ser que estando en el marco del euro, en la Unión Europea y en el sistema bancario internacional un Gobierno no tiene PODER político ni económico, ni margen de maniobra para hacer otra cosa que lo que la dicta la Gran Banca y sus

Instituciones Internacionales afines. O sí se puede hacer otra cosa, de haber voluntad política

¿Habría poder para ello? ¿Es necesario obedecer a dichas instituciones y prestamistas?

Islandia y Argentina actuaron de otra forma, favoreciendo a sus ciudadanos y no a los especuladores.(crisis-financiera-en-islandia)

Recordemos que la crisis financiera internacional se inició en EEUU en 2007 con las subprimes o créditos basura, uno o dos años antes de que estallase, en parte por razones endógenas y en parte por contagio, la burbuja inmobiliaria española (2009-11).

La segunda crisis: Deuda del estado por obras

La crisis Mundial tuvo su origen en la crisis de las subprime (créditos basura) en 2008 EEUU, se prestó más de la riqueza que pueden generar los Estados y del valor de las viviendas hipotecadas.

En España, la crisis se sintió después y tiene tres características nacionales:
1. La primera debiba a la especulación inmobiliaria: burbuja que hacía vender las casas por precios altos con grandes hipotecas, al estallar la burbuja, las viviendas han pasado a valer menos que sus hipotecas.

2. El segundo motivo ha sido el exagerado gasto público, principalmente en construcción de obras públicas y similares por parte de Comunidades Autónomas, Ayuntamientos y Estado, no siempre necesarias, pero que lucraban a políticos y cargos públicos con comisiones ilegales.

Con ese esquema de gasto público no se creó empleo estable, ni servicios públicos, sino que el dinero público pasaba a manos privadas de constructoras, a veces vinculadas con políticos. Se juzga sólo algunos casos de corrupción y comisiones ilegales pagadas a polítcos (Marbella, Valencia).

Dichas obras y gastos públicos exagerados e innecesarios, se financiaron además de con los impuestos, pidiendo crédito a los Bancos y emitiendo Deuda Pública. Por lo cual ahora España tiene deuda externa y los prestamistas ("los Mercados") piden mayores intereses para seguir prestando, con el razonable argumento de que hay más riesgo de impago (prima de riesgo superior a la Alemana), ya que la Administraciones Públicas españolas gastan más de lo que recaudaban en impuestos y además el país genera menos riqueza debido al desplome del sector inmobiliario y la construcción.

Para asegurar a los prestamistas (inversores) que recuperarán su capital principal más los intereses, el Gobierno de Zapatero (PSOE) (como hicieran los de Grecia, Irlanda y Portugal), ha recurrido a aumentar impuestos (18% IVA) y reducir garantías sociales (jubilación a 67 años, contratos basura, subsidio desempleo) a ello se suman la reducción en la calidad de sanidad y educación, servicios que dependen de los Gobiernos Autónomos (también endeudados). También ha aumentado el paro al cesar la construcción.

Una Propuesta:

Otra opción planteable en las asambleas del movimiento 15-M Democracia Real, ya, bien podría ser una moratoria (que no suspensión) en el pago de las obras públicas.
Ya que se pide a los españoles que trabajen 2 años más antes de jubilarse, sería de justicia simétrica que las constructoras y Bancos, o sea las grandes empresas y fortunas del país, esperasen también varios años hasta que la crisis de la deuda externa se supere y se vuelvan a llenar las arcas del Estado, para cobrar sus facturas. Y más, teniendo en cuenta que han sido en parte estas empresas (grandes lobbies) las que en connivencia con políticos sin escrúpulos y poco duchos en aritmética, las que han llevado al país a unos niveles de deuda externa tan alto.

LA GANGA

Ya hemos visto toda la operación política-económica-social que se ha realizado durante años para conseguir que los países mediterráneos tuvieran una dependencia económica de tal calibre que sólo les quedara la opción de vender, o mejor dicho malvender su territorio.

A fecha de 2012, por ejemplo a Grecia se le plantea la posibilidad de vender sus islas como método para pagar su deuda, hace 10 años eso hubiera sido inimaginable por lo que supone en cuanto a la pérdida de soberanía. Hace 5 años podría ser inimaginable porque asumiendo la pérdida de territorio, el precio potencial de cada isla era imposible de pagar. En 2012 y ante la presión generada por los países acreedores, el precio que se podría estar barajando ya es "razonable".

Sólo ha tenido que pasar una década para que los parámetros de lo que es una Estado Soberano cambien, que una invasión que hace medio siglo se realizaba por las armas se pueda conseguir con los "mercados".

El razonamiento realizado para llegar a esta conclusión puede parecer un poco rebuscado y enrevesado, pero si nos marcamos una fecha por ejemplo 2002 como inicio de la Europa del Euro, y otra fecha de 2012 donde la presión sobre la deuda de los países sureños lleva a plantearse, a países antaño considerados solventes, como válida cualquier alternativa a la bancarrota y una recesión de varias décadas.

En España por ejemplo el proceso ha sido el siguiente:

Durante muchos años ha existido un falso desarrollo basado en la construcción desmesurada de viviendas, el aumento del precio del suelo y la consiguiente repercusión en el precio de las viviendas construidas.

Previamente a este desarrollo era necesario la construcción de unas infraestructuras que eran sufragadas por fondos FEDER, mediante estos fondos se ha conseguido disponer de un sistema de autovías y de mejoras en las infraestructuras que permitía la subsiguiente urbanización de más territorio.

La población autóctona no era suficiente para absorber las construcciones, por lo que era necesario la llegada de compradores europeos para disponer esta segunda vivienda, en muchos casos llegaba a convertirse en primera vivienda de los jubilados del norte de Europa que de esta forma pasaban los duros inviernos en las costas mediterráneas y los veranos en su tierra de origen.

Este primer movimiento se produjo sobre 1997, comenzando de forma lenta debido a los precios de la financiación, en aquella época un crédito hipotecario podía estar alrededor del 8 o incluso el 10%, con esos precios sólo algunos nacionales y la gran mayoría de extranjeros estaban en disposición de afrontar estas compras.

La llegada el euro en 2002 supuso muchos "beneficios" para los países sureños, pero entre otras bondades estaba la bajada progresiva de los tipos de interés, de esta forma se consiguió que cualquier español, e incluso inmigrante atraído por el crecimiento económico de España, pudiera afrontar la compra de su propia vivienda.

En el año 2003, el precio de la vivienda se había duplicando frente a los precios de 1997, según palabras del por entonces vicepresidente del Gobierno Francisco Álvarez Cascos, "la vivienda está cara porque muchos españoles pueden pagarla".

Efectivamente la genta podía pagarla porque a priori tenían un trabajo y el interés de los créditos habían bajado a niveles del 3%.

Con estas condiciones se había arrancado una maquinaria de construcción de viviendas propiedad de españoles (o residentes en España), financiados mediantes créditos de Bancos y Cajas españolas, que a su vez solicitaban créditos a la banca europea y estadounidense.

Todo parecía ir de maravilla, especialmente para los banqueros, políticos, inmobiliarias, etc, que se enriquecían legal e ilegalmente con todo el flujo de dinero financiado desde Europa y EEUU.

Para 2007 existía más de un millón de viviendas sin vender y que difícilmente iban a encontrar un comprador. Estas viviendas estaban financiadas en último término por bancos extranjeros, ¿quién iba pagar esa deuda?.

El siguiente paso fue explotar la burbuja financiera en EEUU, lo que generó una recesión en aquel país y que se traslado a Europa, en España se ocultó durante varios años el agujero que suponía la inversión inmobiliaria (la burbuja), pero finalmente en 2010 comienza a desinflase y aumentar el circulo de afectados.

Las construcciones se paran, prácticamente de una tras otra, esa parada en el sector de la construcción que suponía un 13% del PIB de España, supone el aumento de parados de forma directa desde el sector de la construcción y de forma indirecta del sector de servicios.

Las arcas del estado que unos años antes habían tenido superávit comienzan a tener que costear los importes del seguro de desempleo y a nivel de ayuntamientos y CCAA, sufren la pérdida de ingresos provenientes de los impuestos que generan las viviendas (IBI, transmisiones patrimoniales, IVA, etc), esto a su vez supone un aumento del endeudamiento de todas las administraciones públicas. Central, Autonómica y Local.

Con este panorama nos encontramos con:

1. Los ciudadanos con viviendas que tienen que pagar, pero en paro y sin posibilidad de afrontar los pagos de sus hipotecas.
2. Inmobiliarias y promotoras, con crédito solicitados para la construcción de sus urbanizaciones, pero sin clientes y unas deudas contraídas con sus bancos acreedores.
3. Los Bancos y principalmente las Cajas de Ahorros españolas, que han prestado dinero a ciudadanos y empresas, cuya única garantía son los inmuebles construidos, o a medio construir.
4. Los Bancos europeos y de Estados Unidos, que han prestado ingentes cantidades de dinero a la banca española para que se financien proyectos inmobiliarios, que ahora se convierten en "de dudoso cobro".
5. El Estado Español debe apoyar a la Banca y se endeuda a un tipo de interés cada vez más alto para evitar la quiebra del Sistema.

La sociedad capitalista está montada para que todo funcione bajo unos determinados parámetros y el principal es que los ricos ganen dinero, por tanto si alguien ha de perder dinero en todo este montaje no van a ser los Bancos.

De esta forma:

1. Los Bancos Europeos dejan de prestar dinero a los bancos españoles, que de esta forma sólo tienen la opción de solicitar la financiación al Banco Central Europeo (dado que el de España ya no tienen esa competencia) o a una figura creada para este fin llamado FROB, pero para que el

FROB tenga dinero el Estado Español debe pedir el dinero a créditos. ¿a quién?, pues a los mismos bancos que ya no prestan a la banca española, lo que supone que el tipo de interés es cada vez más alto.
2. El Estado Español recurre a sus socios de la Unión Europea (no perdamos de vista que según mi teoría gran parte de estos socios son los que han creado la conspiración), pero de la UE se nos dice que sí, que nos van a ayudar, pero a cambio de que se realicen cambios estructurales en nuestra economía.
3. El resultado de todos los cambios estructurales es el aumento del paro, una nueva recesión, la pérdida de más de 5 años en el poder adquisitivos de aquellos que todavía conservan su puesto de trabajo y un progresivo desmontaje del "Estado del Bienestar".
4. Así las cosas el Estado debe nacionalizar varias Cajas de Ahorros, y varios Bancos, y la necesidad de dinero que se debe inyectar en ellos para sanearlos se evalúa en 60.000 millones de euros, aunque también se añade que para financiar el Estado sería necesario un total de 100.000 millones de euros.

Y como consecuencia con este panorama nos encontramos con que:

1. Los ciudadanos deben pagar una hipoteca por unas viviendas que en mercado están ya a la mitad del valor de dicha hipoteca. Muchos pasan entregar las viviendas a su acreedor, y en muchos casos continúan con una deuda debido a que en España no existe la figura de la dación en pago, es decir, se entrega la vivienda y se anula la totalidad de la deuda, sino que la vivienda cubre la parte de la deuda que corresponda a su venta y el resto continúa siendo una deuda para su propietario. Lo que supone una ruina para muchas familias españolas.

2. De la misma forma las inmobiliarias y constructoras no pueden hacer frente a sus deudas y son "adquiridas" por su acreedor, normalmente un Banco o Caja de Ahorros español que pasará a convertirse en propietario y responsable de la gestión de ese parque inmobiliario.
3. El estado por su parte tiene la responsabilidad de sanear a las entidades intervenidas y por tanto, también pasa a ser un gestor inmobiliario.

Con todo ello el Estado pasa a ser el responsable de la devolución de uno 100.000 millones de euros, que si los ciudadanos no consiguen pagar, la banca no consigue pagar y con las ventas de los inmuebles no se consiguen pagar, tendrán que ser pagados por todos los contribuyentes a través de los impuestos.

El resultado de toda esta ecuación es que existen más de 1 millón de viviendas pendientes de vender y otro gran número de vivienda que sus propietarios venderían si puedan. El precio habrá bajado a al menos de la mitad de su valor original, y entre todos los ciudadanos españoles deberemos afrontar el pago de la pérdida generada (las deudas por las hipotecas y otros créditos ante la Banca Europea y Estadounidense).

Finalmente aparecerán como salvadores de la situación, aunque aparenten ser unas víctimas: los bancos europeos adquiriendo grandes partidas de viviendas a bajo precio que sanearan en parte las deudas de la banca española y que podrán vender a bajo precio a sus ciudadanos que quieran pasar unas vacaciones durante su "duro invierno" o venir a vivir a tierras más cálidas. Eso es lo que tiene la UE, cualquier europeo puede vivir donde quiera siempre que su presupuesto se lo permita.

¿Es, o no es, una ganga?

Sin guerra, sin heridos, sin aparentes victimas.

España habría sido "invadida" por los norteños, y en lugar de parecer unos invasores serían nuestros salvadores.

Hay que tener en cuenta que si existe la futura glaciación, lo que se necesitan son viviendas, infraestructura, seguridad, estabilidad social, etc. cosas que España, Grecia, Portugal e Italia, pueden aportar frente otros países del norte o centro de África.

Algunos historiadores indican que las pirámides de Egipto no eran construidas por esclavos, si no por egipcios libres que creían firmemente en que su trabajo tenía un objeto divino, lo mismo ocurría con las catedrales góticas en Europa. Si se convence a la sociedad que la obra es en su propio beneficio, siempre se acabarán antes y mejor. Esto fue lo que ocurrió en España y su burbuja inmobiliaria, se sembró la semilla y de ahí surgió todo un sistema de generación de falsa riqueza, que ahora se ha vuelto contra nosotros y sólo los "salvadores del norte" podrán ayudarnos, para salir de ese problema.

Si no estaba planificado y no se trata de una conspiración, habrá sido el destino divino y Dios nos recompensará en la otra vida, por haber sucumbido al pecado de la prosperidad.

EPÍLOGO

Como comenté al principio de este libro, la existencia de una conspiración es una hipótesis, y como es natural es muy complicado demostrar. Además respecto a las teoría climáticas, son eso, teorías y el tiempo dirá si llegan a cumplirse.

En cuanto a una presunta conspiración entre los dirigentes, empresarios y demás gobernantes de la Tierra, para poder apropiarse sin sangre, de los territorios del Mediterráneo, nadie lo podrá saber porque por eso es una conspiración fraguada en Davos y no en Lepe, y que me perdonen en Lepe, pero por ahora dominan el fresón pero no la economía mundial.

La idea que transmito en este libro es altamente preocupante, por un lado si es cierto que existe un grupo de líderes que controlan el mundo, el pueblo no puede hacer nada, ni siquiera lo sospecha.

Por otro lado si no fuera así, y todo ocurre por el funcionamiento natural de la economía, el Sistema Financiero mundial es débil y puede ser alterado por cualquier desequilibrio en alguna de sus piezas.

Si unimos esa debilidad a la casi segura llegada de una glaciación, o al menos una nueva mini edad de hielo, el mundo tiene un grandísimo problema a unos años vista.

Además para los países del sur de Europa la situación no puede ser peor.

Imaginemos por un momento que en lugar de haberse producido el crecimiento y la burbuja inmobiliaria de los últimos 10 años (1998-2007), la situación fuera la misma que en el año 1998.

Si comienza a helarse el polo, Escandinavia y el norte de Europa en general, su población (siempre hablamos de los ricos) podría comprar o alquilar viviendas en los países del Mediterráneo o cualquier lugar del mundo, pero siempre hay que tener en cuenta la cercanía, seguridad, sanidad, infraestructuras, cultura, etc.

En esta situación se produciría una burbuja inmobiliaria y un incremento de precios muy superior al producido en la última década. La causa es muy fácil: existirían unos 2 millones menos de viviendas, menos planes urbanísticos, menos capacidad de arrancar el proceso de construcción y mayor componente especulativo. En lugar de comprarse casas por placer, por turismo, sería por necesidad y eso elevaría lo precios de una manera vertiginosa.

La subida de precio de las viviendas iría acompañada de un aumento de los productos alimenticios, los servicios, etc. Todo ello junto con un más que posible aumento de los precios de la energía llevaría a un cambio en el mapa socio-económico de Europa (y seguramente de todo el mundo). Los países del norte no podrían producir alimentos, tendrían muy difícil el producir maquinaria, coches, bienes de consumo, etc. debido a las malas condiciones climáticas.

Por otro lado los países ribereño del Mediterráneo se convertirían en lugar de acogida para toda la población que pudiera permitírselo, podrían producir alimentos y continuar fabricando. Además los países exportadores de petróleo y gas aumentarían su presión sobre los países afectados.

Por este segundo camino habríamos llegado a un domino económico y a tener el control de "los mercados", pues los dirigentes políticos españoles, portugueses y griegos, podrían marcar las condiciones de cualquier tipo de ayuda. En 2015 el sur de Europa sería el granero, el frutero, el asilo, el refugio, ... y todo lo que se nos pueda ocurrir porque el norte de Europa no podría establecer condiciones.

Al igual que ocurrió durante el Imperio Español, el dominio no vendría por ser el país mejor organizado y más eficiente, sino por ser el único que no tiritaba de toda Europa.

Sin embargo, la situación a Agosto de 2012 es que España pertenece a la Unión Europea y tiene firmado convenios como el Tratado de Schengen por el cual se permite el libre tránsito de personas entre los países miembros. Curiosamente a este tratado a demás los miembros de la UE están adheridos Noruega, Islandia y Suiza. Desde España siempre se ha visto como la posibilidad de trasladarse a otros países a trabajar, ellos lo ven como una posibilidad de ir a vivir.

Por otro lado desde 1998 comenzó en España un boom inmobiliario que se acelerón cuando tras la adopción del Euro, los créditos bajaron y permitieron que cualquier ciudadano español tuviera acceso a un crédito para comprar una vivienda. La entrada de España en la unión monetaria supuso que el Banco de España ya no tiene competencias a la hora de emitir moneda, y toda la política monetaria depende del Banco Central Europeo.

Esto permitió que miles o millones de viviendas se construyeran en España con créditos de bancos o cajas, que a su vez pedía créditos fuera, principalmente bancos alemanes, franceses y holandeses.

El Estado se endeudó, las empresas se endeudaron, los ciudadanos nos endeudamos, y al cabo de 8 años comenzó a aumentar el tipo de interés, restringir el crédito y comenzar a ahogar a la economía española que estaba viviendo por encima de sus posibilidades.

Para poder devolver los créditos las personas malvendían sus casas o las tenían que entregar a los bancos, los bancos pedían ayuda al Estado y el Estado se endeudaba más para poder sostener el Sistema, esto aumenta el déficit del Estado de forma insostenible.

En todo este proceso desde la Unión Europea se obliga al Estado español a cumplir los compromisos del tratado de adhesión y no puede superar el 3% de déficit. Para ello debe subir los ingresos o debe bajar los gastos.

De forma incomprensible el partido en el poder, primero de izquierdas y luego de derechas, sigue a pie juntillas los dictados de Europa y aplica recetas que nos funcionan en España. Subir impuestos y disminuir los gastos, lo que supone la disminución de la inversión y por consiguiente la parálisis del crecimiento.

A resultas de estos movimientos, nos encontramos con que el Estado debe nacionalizar varios bancos y cajas, e inyectarles nuevamente dinero proveniente de préstamos europeos. Para evitar la quiebra del sistema bancario decide hacerse con los activos tóxicos (las viviendas, créditos de dudoso cobro, terrenos, etc.) que pagarán a los bancos a un precio de mercado y que pasarán a formar parte de un llamado "banco malo" que se encargará de vender esos activos en un plazo de hasta 15 años.

Al día siguiente de esta creación (31-8-2012) ya aparecen informaciones sobre que existen compradores interesados, pero como es natural son extranjeros.

Resumiendo, ya sea por el hielo o por el vil metal (son sólo negocios), tengo mucho respeto al pueblo alemán, holandés, noruego, etc., como pueblo, pero sus dirigentes han manejado la situación en todo momento y han arruinado a una generación de españoles, portugueses y griegos como mínimo.

Por si queda todavía alguna duda estamos hablando de cambio de centro de poder económico, del norte al sur. Históricamente el cambio del clima suponía un cambio respecto a quién dominaba Europa. En este caso antes del cambio de ciclo los "ricos" se han anticipado, para que comprar caro en sur, hagamos caso a la teoría de Smith y dominemos por la deuda.

¿Por qué tanto interés desde Europa en que se cree el llamado "Banco Malo". Si los inversores del norte compraran directamente a los propietarios, inmobiliarias o banco, se produciría un recalentamiento del precio de la vivienda y subiría su precio, podría parecer que hay interés en realizar compras de viviendas. Con el Banco Malo se adquieren activos tóxicos, algo que nadie quiere y pasa a estar entre la ayuda, favor o una obra de caridad.

Y lo más importante a un precio mucho más bajo. Cuando los activos tóxicos estén en manos de las manos ejecutoras de la conspiración, ya podrán vender de nuevos los activos –que volverán a llamarse viviendas-, ya no importará que suban los precios, pues unos pocos obtendrán todos los beneficios que serán de cientos de miles de millones de euros.

Llegados a este punto algún lector podría preguntarse cuál es mi objetivo al escribir este libro, pues la respuesta es bastante simple: hacer partícipe al mayor número posible de personas de este tema, sino se cumple, mejor para todos, pero si cumplen los peores augurios habría dejado constancia de una posible causa.

Si realmente se trata de una conspiración organizada por las personas más poderosas del mundo poco se podrá hacer, pero al menos que la gente conozca la verdad aunque no te guste y tengas que aguantarla. Otra alternativa es que las teorías sobre conspiraciones vende y podría ganar algo de dinero, o mejor todavía que sí existe tal grupo conspiratorio y quisiera comprar mi silencio (que no es lo mismo que silenciarme).

Sería muy importante que la gestión del "Banco Malo" sea supervisado muy de cerca. A priori la ayuda que necesita España para salir de esta crisis no le va a costar nada al contribuyente, sin embargo eso no se lo cree nadie.

Acumular toda la riqueza ficticia del sector inmobiliario en un único lugar tiene un peligro enorme, si no se ha sabido gestionar en tiempos de bonanza, cómo se va a gestionar bien en tiempos de desesperación. Los responsables de gestionar el "banco malo" no sólo debería ser buenos gestores, sino tener una historial profesional intachable, en sus manos está que España salga de la crisis en un plazo razonable (obteniendo beneficios con la venta de los "activos tóxicos") o que una generación dedique todos sus esfuerzos a pagar los intereses de la deuda contraída.

Desde Europa se aprieta para que se cumplan todos los compromisos, mi propuesta sería: **No vender nada del "Banco Malo" hasta 2015**, lo que ahora vale una cuarta parte podría revalorizarse a medida que el frío apriete en el Norte de Europa.

Estoy convencido que nuestros gobernantes elegirán la peor de las opciones posibles, pero eso sí cumpliríamos nuestros compromisos con la Unión Europea, y ya nadie, absolutamente nadie en el mundo, podría volver a decir que los españoles eran unos vagos.

Quiero terminar el libro con una nota de humor.

Como buen andaluz, soy aficionado a contar chistes –podéis comprobarlo en otro gran éxito editorial "La crisis del chiste" - y quiero terminar con uno de los chistes mejores construidos y a temporales que conozco.

La primera persona que escuche contar este chiste, fue a Pedro Ruiz (periodista y humorista español). En el chiste se muestra que Pedro Ruiz tenía un alto resentimiento con los responsables económicos de la España de los 90's.

Si el chiste es obra suya no lo sé, pero es perfectamente trasladable a cualquier otra realidad nacional.

En las reuniones de Bruselas los ministros de finanzas de España y Alemania entablan una buena relación, así que un día le comenta el ministro alemán al español
Gunter: ¡Oye Mariano!, ¿ por qué no os venís tu familia y tú a mi casa estas vacaciones?.
Mariano: *Vale, te haremos una visita.*

En el verano, Mariano y su familia se van de vacaciones a Alemania y cuando llegan la casa de Gunter ven que es un palacete en el campo, con un jardín enorme, fuentes, caballos pura sangre trotando por el prado. En la casa tenía alfombras persas, tapices holandeses, cuadros de Rubens y de Tiziano. Pasan el día juntos y cuando se quedan a solas Mariano le pregunta
Mariano: *Gunter, esta casa está fenomenal, pero con el sueldo de ministro, ¿cómo? (haciendo el gesto de dónde sacas el dinero?)*
Gunter: *Ahora te lo explico, sube al balcón.*
En el balcón
Gunter: *¿Ves la autopista?*
Mariano: *Sí.*
Gunter: *Pues 5% (haciendo el gesto de llevárselo al bolsillo).*
Mariano: *Tú sí que sabes.*

Se acaban las vacaciones y quedan con Gunter que el año siguiente vayan a visitarles a España.

Al año siguiente Gunter y su mujer llegan a la finca de Mariano y ven que era enorme, con praderas llenas de caballos cartujanos, toros de lidia, la casa era un cortijo lleno de pinturas de Goya, Velásquez y Picasso.
Así que en cuanto Gunter se quedó a solas con Mariano le comentó
Gunter: ¿Mariano, todo esto como los has conseguido?¿Porque con el sueldo de ministro, y menos en España?
Mariano: Sube a la azotea y te lo explico.
Suben los dos a la azote del cortijo.
Mariano: ¿Ves la autopista?
Gunter: No.
Mariano: Pues … (haciendo el gesto de llevárselo al bolsillo).

BIBLIOGRAFÍA

[1] Estudio de John A. Eddy, "¿Existió realmente el Mínimo de Maunder", Angel Alberto González Coroas, ASTRONOMÍA, n° 10, págs. 32-41, abril de 2000.

[2] http://apocalipticus.over-blog.es/article-el-frio-que-se-acerca-61214628.html

[3] http://myehter-net.blogspot.com/2010/08/la-corriente-de-lazo-del-golfo-de.html

[4] http://europebusines.blogspot.com/2010/08/special-post-life-on-this-earth-just.html

[5] http://www.jfot.com/public/jfblog/?p=427

[6] http://www.espacial.org/astronomia/observaciones/maunder1.htm

[7] "The unusual minimum of sunspot cycle 23 caused by meridional plasma flow variations," Nature 471: 80–82, 03 March 2011.

[8] http://www.cnnexpansion.com/economia/2009/02/06/los-origenes-de-la-crisis

Por supuesto http:www.wikipedia.es

INDICE

PRÓLOGO _____ 2

INTRODUCCIÓN _____ 11

TEORIAS SOBRE LA PRÓXIMA ERA GLACIAR _____ 19

    La primera teoría. La parada de la corriente del golfo _____ 19

        El Invierno más frío en 1.000 años está en camino. _____ 27

        La corriente del Golfo _____ 28

    La segunda teoría. La llegada de otro mínimo de Maunder ____ 31

MI TEORÍA _____ 41

LOS ANTECEDENTES _____ 47

    La fecha de inicio de la glaciación _____ 54

    La Actividad Volcánica _____ 63

    El Dióxido de Carbono Atmosférico y un futuro probable _____ 68

    Es el Sol _____ 71

LA GESTACION DE LA CONSPIRACIÓN _____ 74

    ¿Y qué pasa con EEUU, cuál es su Mediterráneo? _____ 82

    ¿Y África, que pasa con ella? _____ 84

¿Dónde nos encontramos? _____ 85

Quienes forman el Foro Económico Mundial _____ 93

Informes de Investigación _____ 95

Iniciativas _____ 96

LA CRISIS FINANCIERA _____ 100

Orígenes de la crisis económica estadounidense _____ 101

Las respuestas de política económica _____ 105

La presión por generar mayor déficit fiscal _____ 107

La crisis en España _____ 111

La crisis en España _____ 111

    La primera crisis: La Burbuja Inmobiliaria _____ 114

    La segunda crisis: Deuda del estado por obras _____ 117

LA GANGA _____ 119

EPÍLOGO _____ 126

BIBLIOGRAFÍA _____ 134

www.ingramcontent.com/pod-product-compliance
Lightning Source LLC
Chambersburg PA
CBHW060903170526
45158CB00001B/478